VIE

DE

SAINT STANISLAS

KOSTKA

Il s'avança dans l'eau qui s'affermit sous ses pieds (p. 106).

VIE

DE

SAINT STANISLAS

KOSTKA

PAR

L'Abbé GAVEAU

NOUVELLE ÉDITION

« Je ne suis pas né pour les choses de la terre,
aussi je ne veux pas m'en occuper. Je suis né pour
les choses du Ciel ; à celles-ci uniquement je veux
donner mes soins. »

(Paroles de saint Stanislas).

TOURS

ALFRED CATTIER, ÉDITEUR

1891

AVANT-PROPOS

Voici une nouvelle édition de la Vie de Saint
Stanislas Kostka, *par M. l'abbé Gaveau. On verra
que l'auteur a retouché son œuvre avec un soin
délicat. Avant de la livrer au public, il a voulu
une fois encore visiter les lieux sanctifiés par la
présence du Bienheureux ; et tandis que, dans
ce pieux pèlerinage, il ne pensait qu'à vénérer
les souvenirs dont le parfum recueilli là, depuis
près de vingt années, n'avait cessé d'embaumer
son âme, en Pologne, en Italie et en Allemagne,
il recevait de nombreuses marques de sympathie
pour l'exactitude et pour l'accent avec lesquels
il avait parlé de l'angélique Saint. Dans la
ville de Vienne, qui possède la maison où
Stanislas fut visité par la Sainte Vierge et
communié par un ange, des personnages augustes*

lui ont même remis de précieux documents dont il a voulu enrichir son nouveau travail.

C'est un livre pieux offert à la jeunesse chrétienne, aussi l'auteur a-t-il voulu examiner d'abord les monuments que l'Église conserve, avec un tendre respect, dans ses archives, sur Saint Stanislas, puis lire les différentes vies du Bienheureux écrites en langue italienne, connaître celles écrites en langue polonaise. Le vénérable Père Jérôme Kajsiewizc, supérieur de la Congrégation de la Résurrection, lui a donné cette consolation en prenant la peine de lui traduire de vive voix ce qu'il y a de plus intéressant en polonais sur cet angélique jeune homme, spécialement sa vie par le célèbre Père Sharga. Ce travail préliminaire fournissait à peu près ce qui était nécessaire, pour donner sur Saint Stanislas quelque chose de simple et de vrai. Puis agenouillé auprès de son tombeau, l'auteur a contemplé longtemps avec amour cette suave et incomparable figure de saint, traçant ces lignes avec une émotion causée autant par les merveilles qui se pressaient sous sa plume, que par une autre qui le touchait profondément ; peut-être, pensait-il, cette jeunesse pour laquelle nous écrivons ce livre éprouvera-t-elle, en le lisant, de pieux désirs ; peut-être comprendra-t-elle mieux la dignité de son âme faite uniquement pour le Ciel, la beauté de l'innocence, les ineffables douceurs de la piété.

Car aujourd'hui quel est l'homme de bien qui n'éprouve pas une tristesse immense à la vue de tout ce qui se fait pour nuire à ces pauvres âmes ? On ne tend qu'à les flétrir en leur donnant des principes qui les abaissent vers la terre, leur font perdre le goût de la vertu, et les portent à mépriser cette chose qui sera toujours grande et le tout de l'homme : l'amour de Dieu et la piété.

L'Éditeur,

ALFRED CATTIER.

APPROBATION de Monseigneur l'Évêque de Blois pour la première édition de la Vie de Saint Stanislas Kostka

LOUIS-THÉOPHILE, par la grâce de Dieu et du Saint-Siège apostolique, évêque de Blois.

Nous avons fait examiner la nouvelle *Vie de Saint Stanislas Kostka*, composée par M. ABEL GAVEAU, prêtre de notre diocèse. Le rapport très favorable qui nous a été fait constate que cet ouvrage suppose des recherches sérieuses ; qu'on y trouve un véritable esprit de foi et de piété, et qu'il est très propre à intéresser par la manière dont il est écrit. Pour ces motifs nous autorisons la publication de ce livre, et nous en recommandons la lecture.

Puisse la nouvelle vie de cet aimable saint se répandre dans les communautés religieuses, dans les familles et dans les maisons d'éducation ! Puisse-t-elle faire aimer et pratiquer les vertus qui font le bonheur et le charme de la jeunesse chrétienne !

Donné à Blois, le 4 février 1865.

† L.-TH., ÉVÊQUE DE BLOIS.

PRÉFACE

On nous a demandé une esquisse de la vie de Saint Stanislas Kostka.

Pour répondre à ce désir, nous avons extrait, de l'ouvrage où se trouve racontée toute l'histoire du jeune saint Polonais, des morceaux soigneusement choisis.

Avec ces fragments, nous aurions voulu former une miniature du saint. Le lecteur jugera si nous y sommes arrivé. Dans tous les cas, tenant compte des coupures, suppléant aux transitions, et devinant tels détails souvent d'un charme infini qui ont été passés, il saisira l'ensemble de cette angélique physionomie. Il sera d'ailleurs toujours libre de recourir à la source, nous voulons dire à la vie complète de Saint Stanislas Kostka que nous avons publiée chez le même éditeur, en 2 volumes in-12 de 400 pages chacun.

Abel GAVEAU.

Paris, 8 décembre 1888, en la fête de l'Immaculée Conception de la Bienheureuse Vierge Marie.

VIE

DE

SAINT STANISLAS

KOSTKA

Aux confins de la Masovie et de l'évêché de Plock, sur le territoire de Cicchow, il y avait un domaine seigneurial connu depuis des siècles sous le nom de Kostkow. C'était l'antique résidence de la noble famille de Kostka. De tout temps les membres illustres de cette maison avaient gouverné de là les pays qui relevaient de leur autorité. Jean Kostka, après avoir obtenu la main de Marguerite Kristka, y habitait, suivant l'usage de ses pères.

Les deux époux vivaient donc ensemble dans ce château, au sein d'une douce paix. Dieu, qui les aimait, ne leur avait pas refusé la plus belle des bénédictions qu'il puisse donner à un mariage chrétien. Quatre petits enfants, dont trois garçons et une fille, leur étaient nés ; pleins de grâce ils grandissaient sous leurs regards attendris et heureux, quand, un jour, Marguerite Kristka vit qu'elle allait encore devenir mère ; et, peu de temps après, elle eut un songe admirable, de ceux que Dieu même fait venir du ciel par le ministère des anges. Une nuit donc qu'elle dormait, il lui sembla apercevoir tout à coup sur son sein une marque céleste. Elle regarde de plus près pour s'assurer que ses yeux ne la trompent pas, et voit à l'instant se détacher clairement en lettres de pourpre le nom sacré de Jésus ; des rayons sortaient de ces lettres mystérieuses. Des larmes de douceur coulèrent alors de ses yeux, sans qu'elle sût pourquoi, et quand elle s'éveilla, elle trouva le divin nom effectivement gravé sur son sein.

Elle comprit aussitôt qu'elle était appelée à donner le jour à quelque âme extraordinairement chérie de Dieu ; qu'il fallait que ce fût vraiment un ange, l'enfant dont elle allait être la mère, pour que le Ciel eût pris soin d'imprimer sur elle son cachet.

Son confesseur la confirma dans cette pensée.

« Regardez-vous, lui dit-il, comme la plus heureuse des mères… Votre enfant sera un ange. Le Seigneur en use souvent ainsi quand il fait apparaître un saint sur la terre ; presque toujours par des signes extraordinaires il annonce, avant sa naissance, que cet enfant sera grand, et il laisse même quelquefois entrevoir ce à quoi sa divine bonté le destine. Je ne peux rien vous dire sur ce que Dieu veut faire de votre enfant ; je l'ignore, et dans ce nom de Jésus je ne vois rien pour le moment qui révèle sa destinée, à moins peut-être que cela ne veuille dire qu'il est appelé à glorifier plus tard d'une manière admirable ce nom divin. »

L'homme de Dieu n'en pouvait pas dire davantage, car la Compagnie de Jésus datait à peine de dix ans et n'avait pas encore eu le temps de pénétrer en Pologne. On ignorait son existence dans ce pays et particulièrement dans le duché de Masovie, qui est une des provinces les plus éloignées. Marguerite accueillit avec des larmes de joie cet oracle qui venait du représentant de Dieu auprès de son âme, et ne craignit plus, après qu'il eut parlé, de se réjouir.

Le 28 octobre de l'an 1550, elle donna le jour à

un petit garçon, qu'elle voulut faire baptiser aussitôt avec la plus grande solennité. Accompagné de toute la noblesse, qui était accourue des châteaux environnants, le nouveau-né fut conduit à la paroisse, distante de deux milles de Kostkow.

C'est à Pranïz, dans l'église de Saint-Adalbert, évêque et martyr, que le petit enfant fut revêtu de cette innocence angélique qu'il sut conserver dans tout l'éclat de sa beauté jusqu'au dernier soupir de sa vie. On lui donna le nom de Stanislas. Quand la cérémonie sacrée fut finie, André Radzanowski, son parrain, le prit dans ses bras en présence de tous les seigneurs et des nobles dames qui entouraient les fonts baptismaux, et alla le déposer par terre devant l'autel du Saint-Sacrement. L'enfant, prosterné sous la bénédiction de son Dieu, avait un air d'innocence et de sainteté touchante qui ravit tout le monde. Le paradis fut attendri en le voyant et le considéra dès lors comme un de ses anges.

Radzanowski, après avoir prié quelque temps avec ferveur, releva l'enfant, le rendit à la famille, et on retourna au château pour célébrer par des fêtes magnifiques une si heureuse naissance.

Quand toutes ces réjouissances furent terminées, le père et la mère du petit Stanislas pensèrent sérieusement à élever avec le plus grand soin leur fils chéri. Ils savaient bien que ce n'était pas un enfant ordinaire : le Ciel l'avait très spécialement recommandé à leur amour par un miracle avant sa naissance, et ils sentaient qu'une grande responsabilité pesait sur eux.

Aucune histoire ne parle de ce qu'ils firent pour répondre à l'honneur que Dieu leur accordait en leur donnant à élever un de ses anges ; mais quand on sait combien leur foi était profonde et vive, on supplée facilement à tout ce qui a été passé sous silence.

Cependant, quelque diligence qu'ils missent à ouvrir de bonne heure son cœur à l'amour de Dieu, le Saint-Esprit les avait déjà devancés. Il s'était réservé de faire lui-même l'éducation de cette âme privilégiée. C'est lui qui fut son maître immédiat et qui l'introduisit dans la connaissance des choses de la foi.

Au moment où, dans un enfant, la raison s'éveille et le cœur commence à aimer, il est rare que Dieu soit le premier objet de sa pensée et de son amour. Le péché originel a mis tant de nuages entre notre Créateur et nous, qu'il est presque impossible qu'en ouvrant pour la première fois ses yeux aux choses intellectuelles, on aperçoive Dieu dans cette clarté et dans cette beauté qui ravit l'âme et l'attache irrévocablement à son saint service. Les parents chrétiens, qui n'ignorent pas quelle place ce grand Dieu doit tenir dans le cœur de leurs enfants, font bien tout ce qu'ils peuvent pour s'effacer et se mettre derrière lui ; ils ont recours à mille industries pour faire comprendre à ces enfants qu'ils ont dans le ciel un Père qu'ils doivent plus aimer que leur père et que leur mère de la terre. Eux savent s'il ne faut pas se donner beaucoup de peine pour arriver à fixer ainsi la pensée et le cœur de ces tendres enfants sur Dieu, et s'il ne faut pas dépenser des trésors d'amour et de sainte patience pour arriver à un résultat si beau.

Quand Marguerite Kristka voulut communiquer cette science sacrée à son enfant, Stanislas la possédait déjà. Le Saint-Esprit, qui ne voulait pas que les prémices de cette belle intelligence et de ce cœur si pur fussent pour d'autres que pour Dieu, attendait le moment où la raison allait s'éveiller en lui. Quand il vit que la connaissance venait à la petite âme, et que le premier mouvement d'amour se formait en elle, il daigna lui montrer son Dieu dans toute sa touchante bonté. Stanislas regarda, et aussitôt vit en Dieu le repos de son intelligence et la douceur de son cœur; il se donna à lui, et ce fut à jamais. Beaucoup d'autres faveurs lui furent accordées; mais il faut regarder celle-ci comme la source de toutes les autres. Son âme se développa dans le sens de cette grâce, et toutes les lumières qu'il reçut dans le cours de sa vie n'en furent que le complément.

De jour en jour cet angélique enfant va nous paraître touché plus profondément de son origine céleste; le sentiment de sa noblesse et de sa grandeur va le saisir davantage; on va voir que vraiment il lui est impossible de se naturaliser sur une

terre qui n'est pas sa patrie, où il est dépaysé ; il
va lui être surtout de plus en plus impossible de
s'occuper des choses d'ici-bas, qu'il trouvera infiniment trop au-dessous de lui pour qu'il les juge
seulement dignes d'un regard ; il va enfin se tenir
dans une dignité sublime, déclarant à ceux qui lui
diront de s'abaisser vers la terre : « Je ne suis pas
né pour ces choses ; ainsi, qu'on ne m'en parle
jamais. Je ne suis né que pour les choses du Ciel ;
je ne veux m'occuper que de ce qui regarde le
Ciel. »

Stanislas, à cette époque, pouvait avoir quatre
ans. C'est alors qu'on lui donna pour précepteur
Jean Bilinski, jeune homme de grands talents.
L'enfant se montra plein de douceur et de docilité
à l'égard de son maître. Il fit tous ses efforts pour
le contenter et reconnaître ainsi ses soins par une
application admirable. Ses progrès furent bientôt
tels que, eu égard à son âge encore tendre, on n'aurait pas pu en désirer de plus grands.

Ce que Stanislas offre de plus saillant dans son
enfance, ce sont ses rapports avec le Ciel. D'une
manière infiniment suave, le Seigneur, à chaque
instant, l'attirait près de lui. A peine put-il se tenir
debout et faire seul quelques pas, que déjà il
s'échappait souvent des bras de sa mère pour aller
trouver son Dieu. Il éprouvait une douce satisfaction
de se voir à genoux devant lui. Comme sa langue
n'était pas assez déliée pour lui dire combien il
l'aimait dans les termes qu'il aurait voulu, il sup-
pléait à cette touchante impuissance par un air de
visage et par des regards qui respiraient le plus
tendre amour. Au lieu de jouer avec ses petits com-
pagnons, il était toujours là, auprès de son Dieu ;
et, à mesure qu'il grandissait, l'attrait qu'il avait
pour la prière devenait plus fort.

C'est surtout quand il eut atteint l'âge de cinq ou
six ans qu'on le vit, avec plus d'assiduité encore,
s'entretenir avec le Ciel. Il allait souvent alors se

cacher dans le coin obscur de quelque chambre abandonnée, se mettait à genoux, joignait ses petites mains, et, un moment après, fondait en larmes. C'était Dieu qui le faisait ainsi pleurer; il pleurait de bonheur; c'était le trop-plein de sa félicité qui s'échappait en pleurs; et sa figure blanchissait et devenait radieuse.

Les domestiques qui allaient et venaient dans la maison, le trouvaient ainsi ravi en Dieu, et quelquefois élevé de plusieurs pieds au-dessus de la terre. Les premières fois qu'ils l'avaient ainsi surpris dans ces merveilleuses extases, l'étonnement les avait saisis, surtout quand, ayant imaginé de faire du bruit autour de lui, pour le tirer de sa contemplation céleste, ils s'étaient aperçus qu'il avait perdu tout sentiment, et que ses yeux, ouverts à d'éternelles beautés, ne voyaient rien de ce qui se passait près de lui. Touchés jusqu'au fond de l'âme, ils étaient restés stupéfaits auprès de leur jeune maître transformé en ange dans sa sublime oraison. Mais ils avaient fini par s'accoutumer à ces prodiges, dont ils étaient à chaque instant les témoins; et quand ils le rencontraient ainsi baigné dans ses larmes, ils passaient bien émus, en gardant un religieux silence, et ne cherchaient plus à interrompre ses célestes conversations.

Stanislas, ainsi accoutumé avec Dieu dès ses plus jeunes années, ne pouvait se passer un instant de lui. Il s'était fait un besoin indispensable de sa présence : on les aurait dit tous deux inséparables. En fait, le saint enfant n'avait pas de temps ni de lieu fixé pour s'entretenir avec son Dieu. En tout temps et en tout lieu, il trouvait le Seigneur prêt à l'attirer à lui et à lui faire goûter la douceur de sa manne céleste. On peut donc dire avec vérité qu'à la réserve des courts instants qu'il donnait au sommeil, il ne pensait jamais à autre chose qu'à lui.

Quand il fallait qu'il le quittât pour quelque temps, rien ne le consolait de n'être plus avec lui, que la lecture d'un livre pieux, où son cœur le retrouvant bien vite, puisait un nouvel aliment à son amour. Toute conversation avec la créature était sans attrait pour cet enfant ; à moins que, connaissant ses goûts tout célestes, celui qui lui parlait ne voulût l'entretenir des choses éternelles. Alors volontiers il se mêlait au discours ; les plus pieuses paroles se pressaient sur ses lèvres, et, avec une grâce d'ange, il charmait longtemps celui qui avait eu la bonne fortune de l'amener sur ce délicieux sujet.

Il est une chose qui achève de donner à la piété de Stanislas enfant les plus doux charmes et qui la rend attrayante au suprême degré : c'est l'indicible tendresse avec laquelle il chérissait la Reine des anges. La grâce du baptême a mis dans notre cœur, à l'égard de la sainte Vierge, un sentiment surnaturel plus pur et plus doux encore que ce qu'on nomme sur la terre piété filiale. Et c'est cette grâce précieuse, conservée dans toute son intégrité par le bienheureux enfant, qui lui faisait aimer l'auguste Marie avec un amour dont la candeur et la ravissante beauté est demeurée historique, et a formé un des plus aimables souvenirs qu'on ait conservés de lui.

Il n'eut donc pas plutôt compris que la sainte Vierge était sa mère, qu'il sentit naître dans son cœur un amour d'enfant pour elle. Durant tout le cours de sa vie, il ne l'appela jamais que de ce doux nom de mère. En entendant parler d'elle, ou en voyant quelque chose qui rappelait son souvenir, il éprouvait toujours une joie telle, que sa figure rayonnait aussitôt et devenait doucement enflam-

mée. Aussi se faisait-on un plaisir de lui présenter
quelquefois son image, parce qu'on était assuré de
le voir à l'instant fondre en tendresse et en douceur.
Il la regardait quelque temps ; et cette image, qui
disait une mère à son cœur, le remplissait soudain
d'une mélancolie céleste : tristesse sublime, comme
même ici-bas on en éprouve quand on est loin de sa
mère et qu'on n'a, pour se consoler de son absence,
qu'une pauvre image où ses traits sont peints ; il la
regardait encore, pensant aux cieux où elle habite ;
l'émotion devenait plus forte et, bientôt, pleurant,
il la couvrait de baisers.

*
* *

On sait que la piété envers la sainte Vierge pro-
duit une fleur céleste, connue sur la terre sous le
nom de pureté. Comme nous venons de montrer
avec quel amour Stanislas aimait Marie, c'est ici le
lieu de faire respirer au lecteur le suave parfum
d'innocence qu'exhale son âme tout angélique.

Ceux qui ont l'expérience des âmes ont non seulement remarqué que la piété envers la sainte Vierge enfante la pureté, mais encore ils ont constaté que plus la dévotion de quelqu'un envers Marie est ardente et vraie, plus son innocence a d'éclat et de fraîcheur. Il est admirable de voir comme cela se vérifie en notre aimable saint, de qui, certes, on peut bien dire que si son amour pour la Mère de Dieu eut un caractère de douce tendresse, de naïve simplicité, de candide abandon, qu'on ne trouve peut-être dans aucun autre saint, sa pureté a aussi un cachet de délicatesse, de susceptibilité sublime, de fraîcheur ravissante, que bien peu de saints ont possédé. Le fait que nous allons raconter en est une belle preuve.

Le château de Kostkow était ouvert à toute la noblesse du voisinage. On y venait en foule, à cause de l'estime qu'on avait pour la famille de Kostka et aussi parce que la charge de sénateur et de castellan qu'exerçait le père de Stanislas, l'obligeait à avoir des relations avec un très grand nombre de seigneurs. Souvent, Jean Kostka recevait à sa table des castellans et des généraux. Il y avait quelquefois, au milieu de cette noble assemblée, des con-

vives à qui le métier des armes avait fait un peu
oublier le profond respect que tout homme doit à
l'honnêteté et aux bonnes mœurs ; et à ceux-là, de
temps en temps, il échappait des mots qui blessaient
la modestie chrétienne.

Stanislas, à table avec eux, se mettait alors à
rougir : le trouble s'emparait de lui, puis on voyait
bientôt ses yeux se mouiller de larmes et s'élever
au ciel avec une expression touchante qui enlevait ;
et peu à peu il devenait pâle, sa tête s'inclinait sur
sa poitrine, son corps s'affaissait, et, si promptement on ne le soutenait pas, il tombait à la renverse,
dépourvu de sentiment.

La première fois que cette défaillance angélique
le prit, on ne pensa pas à en attribuer la cause à
l'extrême délicatesse de son âme innocente, que ces
discours blessaient comme d'un coup mortel. Mais
ce mal céleste avait tellement l'habitude de le
prendre toutes les fois qu'en pareille circonstance
une parole déshonnête frappait ses oreilles, que le
père finit par voir que son enfant recevait une
atteinte cruelle de ces sortes de discours.

Comme il l'aimait d'une extrême tendresse, et
que très souvent son cœur avait été bouleversé en

voyant avec quelle expression de douleur le pauvre petit élevait ses yeux vers le ciel, il prit la résolution de faire tout ce qu'il pourrait pour épargner à l'angélique innocence de cet enfant un pareil martyre. Quand donc il voyait la conversation s'engager sur quelque sujet suspect, il tâchait adroitement de la faire cesser ; et si néanmoins on continuait, il disait en riant : « Il faut parler d'autres choses, car nous allons voir les yeux de notre petit Stanislas s'élever vers le ciel, et son corps rouler par terre. »

Cette sorte d'identification de saint Stanislas avec la pureté, qui faisait que cette divine vertu ne pouvait être blessée sans que l'angélique enfant n'en ressentît le contre-coup, est pour tout le monde un grand objet d'admiration, et en même temps une invitation pressante à la jeunesse de mettre sous la protection du doux saint son innocence si difficile à conserver.

Nous ferons ici une observation qui donnera une idée juste du caractère admirable de la pureté de saint Stanislas. Sa pureté a cela de beau, que la tentation, même la plus légère, n'osa jamais la ternir de son souffle, ni en troubler l'inaltérable paix.

Il ne faut donc pas croire que les discours dont nous avons parlé aient jamais atteint son âme innocente, en portant dans son imagination des impressions pénibles. Il se trouvait mal par je ne sais quel céleste instinct qui lui disait que sa chère vertu était en péril au milieu de pareilles conversations ; et, comme il estimait plus son innocence que sa vie, il se sentait mourir, quand il prévoyait qu'elle pourrait lui être ravie.

* * *

Stanislas était doué du plus délicieux caractère qu'on puisse imaginer. Il avait une grande candeur d'âme, une simplicité parfaite, une modestie angélique, une inclination très prononcée pour la piété. En toute circonstance, il montrait une suavité ravissante. Il se pliait avec une gaieté aimable à tout ce qu'on exigeait de lui, quelque difficile que ce fût, et quelque chose qu'on pût lui dire, il ne laissait paraître sur son visage aucune trace d'impatience ou seulement d'émotion. Ses manières étaient ingénues, en même temps que fort distinguées. Sous un air pieusement réservé, il cachait beaucoup de vivacité et de grâce. Il n'avait rien de léger.

Ses paroles étaient pleines de sens et de sagesse, et montraient qu'il possédait une grande maturité de jugement. Mais cet enfant avait le secret de mêler à toute cette gravité une simplicité naïve et une amabilité qui enchantait. On le trouvait toujours si affectueux, si oublieux de lui-même pour faire plaisir aux autres, que sa sagesse, qui était bien au-dessus de son âge, ne faisait que relever tant de précieuses qualités. D'ailleurs il ne lui répugnait pas de paraître enjoué et doucement gai.

Il avait une beauté céleste. Son teint était d'un blanc très pur ; sur ses joues, cette blancheur était tempérée par une douce rougeur. Sa taille tenait le milieu entre la grande et la petite. Il avait le visage rond et les cheveux noirs. Ses yeux, limpides et transparents, avaient une expression angélique, et étaient toujours humides de pleurs. Au reste, cette physionomie si gracieuse et si tendre avait une ineffable douceur. Je ne sais quel air de fête et de joie y brillait. On devinait que dans son âme il devait y avoir un indicible bonheur et la paix du Ciel.

Une pareille suavité répandue dans tous ses traits ne doit pas surprendre, le saint enfant était toujours avec Dieu. Or une âme qui s'attache ainsi à son Dieu, qui se plonge et s'absorbe tout entière dans sa connaissance et dans son amour, doit puiser au sein de l'infinie beauté qu'elle contemple des délices telles, qu'il est impossible que quelque chose de ce bonheur n'apparaisse pas à l'extérieur.

Mais à cet air de contentement divin se joignait un charme particulier, plus beau encore et plus attirant. On était donc vivement frappé de trouver dans ce visage d'enfant quelque chose de pur et d'angélique, comme on n'en doit voir qu'au ciel. C'était au point que la vénération saisissait involontairement à sa vue, et qu'on éprouvait la même impression que quand on porte ses yeux sur un objet de piété. C'était bien l'âme de cet enfant si pieux et si pur qui exhalait par son visage un si suave parfum d'innocence ; et toutes ces grâces surhumaines qu'on voyait dans ses traits venaient bien moins de son corps que de sa vertu, qui perçait à travers sa physionomie et l'ornait d'une divine beauté.

Et ici on ne peut s'empêcher de remarquer avec

un attendrissement profond une propriété merveilleuse de l'angélique vertu. Il est donc véritable que
cette fleur de pureté, ayant rempli le dedans, répand ensuite inévitablement sur l'extérieur une
grâce merveilleuse, et que cette vertu incomparable
a la propriété d'agir sur le visage. Ce n'est pas assez
pour elle d'embaumer l'âme en qui elle réside d'ineffables jouissances, et de faire de tous ses jours des
jours de fête, il faut encore qu'elle transfigure les
traits mortels, et qu'elle porte quelquefois leur
beauté jusqu'à la beauté des anges ; de sorte que
l'âme qui chercherait à cacher en elle son trésor n'y
pourrait parvenir, la pureté étant une de ces admirables choses surnaturelles que la boue de notre
corps ne dérobe qu'à demi aux yeux des hommes,
et qui se trahit toujours en dehors de son éclat, par
je ne sais quelle limpidité du regard, par je ne sais
quelle fleur de beauté surhumaine dont elle décore
un visage, par je ne sais quoi d'heureux qui vient
du Ciel, inspire le respect et porte dans l'âme une
émotion toute divine.

Les parents de Stanislas jouissaient donc du plus
agréable spectacle, en ayant sous les yeux, chaque
jour, un si admirable enfant. A tous ces signes, il

leur avait été facile de deviner qu'ils élevaient un saint. Ils comprenaient d'ailleurs sans peine que, dans leur tendresse pour ce fils chéri, ils étaient surpassés par Dieu, et que, du haut du ciel, le Seigneur lui prodiguait un amour bien autrement grand que le leur. A cause de cela, ils ne le regardaient qu'avec un pieux respect, le considérant comme étant plus à Dieu qu'à eux. Il leur arrivait souvent de dire : « Notre petit enfant est un ange ; quand il sera grand ce sera un saint. » En vérité, l'expression était heureuse, et leur cœur avait bien rencontré ; car quelque beau et quelque glorieux que soit ce nom d'ange, il lui convenait parfaitement. Celui qui aurait vu son visage, son maintien, sa démarche, ses gestes et tout son extérieur, n'aurait pas pu le prendre pour autre chose ; et, à vrai dire, si quelque esprit céleste eût été mis par Dieu dans un corps mortel, pour habiter quelque temps sur cette terre, on ne conçoit pas qu'il eût pu avoir d'autres habitudes, d'autres pensées, d'autres occupations.

Au reste, c'est l'impression que durant toute sa vie il produira sur ceux qui le verront pour la première fois. Au collège, spontanément, tous les élèves le prendront pour un ange ; à Dilinghem, au noviciat, on n'aura que ce nom à lui donner ; et quand il mourra, on dira encore : « L'ange s'est envolé dans les cieux. »

* *

Cependant Stanislas entrait dans sa quatorzième année. Il avait un frère nommé Paul, plus âgé que lui de deux ans. Le sénateur Kostka songea alors à les envoyer l'un et l'autre à Vienne pour terminer leurs études. Depuis quelques années seulement, Ferdinand, empereur d'Autriche, avait fondé un collège dans cette ville. Il en avait confié la direction aux Pères de la Compagnie de Jésus. Ces admirables religieux, qui ont reçu du Ciel une vocation spéciale pour l'éducation de la jeunesse, ne tardèrent pas à mettre ce collège dans l'état le plus florissant. On y accourait en foule de Hongrie, de Bohême, d'Allemagne et de toutes les parties de l'Italie. C'est ce collège que le sénateur Kostka

choisit pour ses fils. Il fut réglé que Jean Bilinski
accompagnerait les enfants avec trois domestiques
de confiance pour les servir; et dans le courant de
l'année 1564 les deux frères partirent de Kostkow.
Arrivés à Vienne, ils eurent hâte de se présenter au
collège et furent accueillis par les Pères avec une
bienveillance qui ouvrit tout de suite leur cœur et
les combla de la plus grande joie. Avec ce regard
profond qu'ont les saints, le jeune Stanislas vit
aussitôt entre quelles mains Dieu le mettait, à quels
hommes vénérables il daignait le confier, et son
âme reconnaissante s'épancha en actions de grâces
aux pieds de la divine Majesté.

Dès qu'il apparut dans le collège, tout le monde
fut frappé en le voyant. Sous le voile de la plus
aimable simplicité, on lui trouva je ne sais quoi
d'imposant et de singulièrement doux, qui éveilla
aussitôt dans tous les esprits l'idée d'un ange.
Quand on l'aperçut surtout aux pieds du Saint-
Sacrement, fondant en larmes et éblouissant tous
les yeux par l'éclat de sa figure resplendissante et
radieuse, on fut encore plus étonné. Une pieuse
curiosité attira bientôt autour de lui tous ces jeunes
gens qui n'avaient jamais été témoins de pareilles

choses. Le trouvant dans une douce et continuelle extase, ils pouvaient à loisir avoir la jouissance de ce beau spectacle, et, bientôt convaincus plus que jamais par ces signes que cet enfant appartenait bien plus au ciel qu'à la terre, ils avaient fini par dire : « Véritablement, dans notre séminaire, nous n'avons pas un homme en la personne de Stanislas, mais un ange sous une forme humaine. »

Il était ordinaire de voir, durant les saints offices, à certains moments, tous les yeux des élèves se porter du côté de notre admirable enfant. Cela arrivait lorsqu'on chantait quelques-uns de ces cantiques qui font penser au ciel et à l'exil de la terre. On était habitué à le voir alors entrer dans quelques ravissements, ce qui ne manquait jamais d'arriver. La douce mélodie du *Salve Regina* produisait infailliblement cet effet. C'était, on l'aurait dit, le chant de son âme par excellence; et les gémissements d'exilés qui s'y font entendre, les ardents désirs de voir Jésus-Christ, au ciel, qui éclatent dans cette suave prière, tout allait si bien à son cœur et en rendait si fidèlement les mélancoliques transports, qu'émotionné jusque dans le fond de son être, il perdait le sentiment et entrait dans d'admirables extases.

Avec toute cette sainteté on le trouvait simple et bon ; mêlé à ses condisciples après avoir été au milieu des anges, il avait un laisser aller digne et plein de douceur, et des manières si aimables qu'on aurait voulu être toujours avec lui. En classe, on le retrouvait avec sa modestie et son aménité ordinaires. Il y avait un goût exquis et une beauté particulière dans ses compositions. Tout ce qui sortait de sa plume était surtout empreint d'un parfum de piété qui ravissait. Lui seul paraissait ignorer le mérite de son travail, et c'est ce qui lui attirait l'affection de tous.

Stanislas ne tarda pas à être reçu dans l'association de la Très-Sainte-Vierge et de Sainte-Barbe établie au collège des Jésuites, et il s'employa dès lors avec un admirable zèle à faire goûter Dieu et son saint amour à tous ceux qui étaient autour de lui. Et, à vrai dire, il éprouvait un grand bonheur à parler de Celui qui faisait les délices de son âme ; toutes les conversations qu'il avait avec ses condisciples roulaient donc sur ce noble et aimable sujet.

Il les entretenait quelquefois sur l'importance d'assurer son salut éternel, ou bien encore sur la beauté d'une âme en état de grâce, et il était ravissant quand il touchait cette question. Il aimait encore à leur faire comprendre tout ce qu'il y a de délices, pour un cœur innocent, à se donner à Dieu de bonne heure et à lui consacrer les prémices et pour ainsi dire les premières fleurs de son amour. Déjà, à ce qu'on raconte, il avait le don de rendre si touchantes ces choses, assurément belles en elles-mêmes, et il en parlait toujours avec tant d'onction, qu'il mettait dans l'admiration tous ceux qui l'entendaient, et qu'il n'y avait pas une âme, quelque insensible qu'elle fût à l'égard de Dieu, qui ne trouvât une extrême douceur dans ces entretiens.

On savait qu'il redoublait de suavité, et que sa parole prenait quelque chose de surhumain, quand il parlait de la divine Vierge Marie. Vraiment, lorsqu'il s'agissait d'elle, le pauvre enfant ne pouvait plus se contenir; on voyait toute sa tendresse s'émouvoir et toute la piété de son cœur se répandre autour de lui comme un parfum du Ciel; enfin, au dire de tous ceux auxquels il fut donné de l'entendre, c'était quelque chose d'angélique.

La maison tout entière fut bientôt renouvelée par la présence du saint que le Seigneur lui avait envoyé. Ces jeunes gens, pour lesquels Dieu n'était pas tout comme pour Stanislas, et qui ne donnaient peut-être pas à leur âme immortelle tous les soins dont elle est digne, comprirent, en voyant l'admirable enfant, qu'il est beau de servir le Seigneur, que la piété a de doux charmes, et qu'il y a de la grandeur à se livrer ainsi à la pratique de la vertu.

*
* *

Le 25 juillet de la même année où le saint jeune homme entra au collège des Pères, Ferdinand vint à mourir. On sait combien cet empereur estimait les religieux de la Compagnie de Jésus. Son fils Maximilien, qui lui succéda, était loin d'avoir les mêmes sentiments à leur égard. Il résolut de faire tous ses efforts pour leur enlever l'influence qu'ils avaient acquise. En choisissant ces vénérables Pères pour gouverner le collège, Ferdinand ne leur avait pas donné les bâtiments où habitaient les élèves, il n'avait fait que leur en concéder l'usage. Le jeune empereur s'appuya là-dessus et déclara qu'il voulait que cette maison lui fût rendue.

Du même coup dont il frappait les Jésuites, il atteignait la nombreuse noblesse qui était venue de tous les pays se grouper autour de ces saints religieux. On vit alors beaucoup de ces jeunes gens retourner dans leur patrie; d'autres prirent la résolution de demeurer à Vienne, où ils s'étaient procuré des habitations pour y continuer leurs études.

Paul Kostka délibéra quelque temps avec Bilinski, son gouverneur, pour savoir s'ils devaient, eux aussi, retourner dans leur patrie. Mais ils finirent par prendre la résolution de se fixer à Vienne. Ils se mirent alors en quête d'une habitation. Stanislas désirait vivement une maison simple et retirée, où l'on pourrait trouver la paix et le recueillement indispensables aux études sérieuses. Avec sa douceur ordinaire, il s'efforça de faire goûter cette pensée à son frère; mais Paul était d'un

avis tout contraire ; il aimait le luxe, la belle société
et voulait des appartement qui lui feraient honneur.
Malheureusement Bilinski, qui aurait dû l'arrêter,
favorisait ses vaines pensées.

Dans un des quartiers les plus remuants de
Vienne, sur la place de Kiemark, un palais se faisait remarquer. Construit avec élégance, il s'élevait
à une hauteur qui surpassait celle de toutes les maisons d'alentour. Des fenêtres on avait une très belle
vue. Les bâtiments étaient trop vastes pour être
tous occupés par le maître de cette maison, de sorte
qu'une partie était à louer. Paul Kostka fut heureux
de l'apprendre et accourut aussitôt pour demander
les appartements qui étaient vacants.

Cependant Stanislas avait eu connaissance que le
propriétaire de la maison était un luthérien très
attaché à sa secte impie. Il représenta à son frère
combien il était peu convenable pour eux de vivre
avec un hérétique ; il lui dit que cela le blessait
dans ce qu'il avait de plus cher au cœur. Mais Paul
n'avait pour son jeune frère aucune tendresse ; à
peine daigna-t-il l'écouter jusqu'au bout ; il se hâta
de mettre un terme à ses supplications en le repous-
sant avec dureté.

Stanislas fut au comble de la désolation. Il se promit, puisqu'il était forcé de loger dans cette demeure, d'y vivre saintement, et de se dédommager par là de la peine que lui causait ce voisinage d'un hérétique. « Oh ! que je vais aimer Dieu maintenant ! » se disait-il avec émotion ; et cette résolution répandait dans ses larmes une douceur céleste. Il pensa donc à se livrer, plus qu'il ne l'avait jamais fait, à l'oraison ; il se proposa d'embrasser avec ardeur les saintes pratiques de la mortification chrétienne ; enfin il médita une vie tout angélique et se disposa à la réaliser aussitôt qu'il serait entré dans cette maison.

* * *

On sait que Stanislas, dès ses premières années, avait toujours eu un goût prononcé pour les choses divines, et un ennui invincible pour tout ce qui tient à la terre. Le temps n'avait fait qu'enraciner dans son âme ces habitudes angéliques de ne se plaire qu'avec Dieu. La tristesse que venait de lui causer son frère n'eut d'autre résultat que celui de lui faire sentir, avec plus de tendresse que jamais, le besoin que son cœur avait de Dieu. Ainsi quelque chose de plus étroit encore s'établit, dès lors, entre la divine Majesté et le pauvre enfant, qui se jetait avec tant d'abandon entre ses bras, n'ayant plus que lui seul pour appui.

Il s'était toujours fait une loi de choisir ses amis parmi les jeunes gens les plus pieux, ne se liant qu'avec ceux dont il connaissait la candeur et la vie innocente. Plus soigneux que jamais sur ce point si important, il ne voulut admettre dans son intimité qu'un très petit nombre de ses condisciples. Il les voyait peu, et les entretiens qu'il avait avec eux ne roulaient que sur les choses du ciel. Quelquefois il arrivait involontairement à ses amis d'amener la conversation sur quelque autre sujet, mais lui, dont les oreilles ne pouvaient s'accoutumer aux choses de la terre, les rappelait aussitôt à Dieu. Il faisait cela avec une grâce si exquise, qu'on avait du bonheur à se rendre à ses désirs.

Ainsi ceux qui l'approchaient sentaient leur âme ravie et trouvaient toujours un grand charme à s'entretenir avec lui. On se proposait, dans ces conversations saintes, de mieux aimer Dieu, de servir avec dévotion la sainte Vierge; on se demandait comment on pourrait s'y prendre, et le temps s'écoulait avec Stanislas comme il doit s'écouler au ciel.

Le saint jeune homme accordait, on le voit, aux convenances de la vie en société ce qu'il croyait utile. Son amour pour Dieu, qui était sa lumière en tout, ne lui aurait jamais permis de les fouler aux pieds. Mais, quand il avait fait ce qui lui semblait suffisant, il se retirait, parce que son cœur l'appelait à la prière. Dans la maison du sénateur il avait à souhait tout ce qu'il désirait pour se livrer tranquillement à ce saint exercice. Elle était grande et contenait des chambres nombreuses où il allait se cacher avec les anges du ciel. Pour leur parler à son aise, sans crainte d'être surpris, il se retirait tantôt dans l'une, tantôt dans l'autre. C'étaient ses oratoires, ses ermitages, ses retraites. Là se reproduisaient les mêmes scènes qu'on a déjà vues au château de Kostkow, alors que Stanislas était tout enfant. Quand les domestiques avaient besoin d'aller dans ces chambres, ils l'y trouvaient ravi en extase, l'âme tout en Dieu, souvent élevé au-dessus de la terre, avec une figure si ardente, qu'il ressemblait à un ange du paradis. Lui, tout plongé dans ces célestes délices, ne les voyait pas, et avait perdu toute pensée de la terre.

On le tirait de ces ravissements pour l'obliger à aller prendre ses repas avec son frère et son gouverneur. C'était le moment le plus pénible pour lui. Il lui en coûtait toujours de donner quelque chose à son corps ; et puis, il eût été si heureux de répandre dans une conversation sainte son âme toute remplie des choses célestes ! Mais Paul Kostka n'aimait pas les entretiens pieux ; sa légèreté ne lui faisait trouver de plaisir que dans les discours frivoles. Bilinski lui tenait tête, n'étant guère plus sage que lui ; de sorte que Stanislas souffrait beaucoup de se trouver à table avec des personnes dont les goûts étaient si différents des siens. Aussi il ne parlait presque pas, et avait l'esprit à tout autre chose qu'à ce qu'on disait. A peine était-on au milieu du repas, qu'il se levait de table et s'en allait. L'église des Pères Jésuites n'était pas éloignée de là. Il avait l'habitude de s'y réfugier alors pour prier. Après deux ou trois heures passées au jeu,

Paul et Bilinski l'envoyaient chercher par les domestiques. Ceux-ci le trouvaient dans l'église, le visage prosterné contre terre, les bras étendus en forme de croix et privé de l'usage de ses sens. Plus d'une fois, en le voyant dans cette posture, ils craignirent que quelque accident funeste ne lui fût arrivé. Pour le faire revenir à lui, ils l'appelaient, le secouaient, le mettaient sur ses pieds, et employaient toutes sortes de moyens. Enfin l'enfant ouvrait les yeux, et, comme s'il eût regretté de se trouver encore sur la terre, lui qui venait de voir le ciel, il se mettait à soupirer doucement et, souriant d'une manière angélique, il disait : « Ne vous inquiétez pas, ne vous inquiétez pas, ce n'est rien, je ne suis pas mal. »

C'est par ces communications intimes que le Seigneur le dédommageait de la peine qu'il avait de ne pas pouvoir parler à table des choses célestes. Ces ravissements ne lui arrivaient pas seulement dans cette circonstance et Dieu ne se montra jamais avare de ses faveurs envers lui. En fait, le pauvre enfant éprouvait bien quelque embarras ; car à peine avait-il mis le pied sur le seuil de l'église, qu'il se sentait tout ému de Dieu à la seule vue du tabernacle. Les larmes le gagnaient; il se hâtait d'aller se cacher derrière quelque pilier, dans un coin obscur, où, pensant n'être pas vu, il entrait en extase. Ce jeune homme si saint trouvait d'ineffables douceurs dans la divine Eucharistie, et il était impossible à son cœur de ne pas se fondre de tendresse en la présence de Jésus au Saint-Sacrement.

Qui pourra donc jamais dire la piété qu'il avait envers ce divin mystère? Chaque dimanche on le voyait s'asseoir à la table des anges; quand il y avait quelques fêtes dans la semaine, il en profitait pour communier une fois de plus. Mais ce n'était jamais sans une préparation grandement édifiante. Il voulait jeûner la veille, et, dès le matin du jour qui précédait la communion, toutes ses pensées étaient pour Notre-Seigneur anéanti dans l'adorable sacrement de l'Eucharistie. Sa dévotion durant le sacrifice de la messe attendrissait, surtout au moment où la divine victime descendait des cieux; et comme une seule messe ne suffisait pas à sa piété, il en entendait deux, très souvent trois, et encore était-il obligé de se faire une grande violence pour quitter le saint autel. Ses devoirs l'appelant ailleurs,

il se décidait enfin à s'éloigner ; mais ce n'était pas
pour bien longtemps. Avant d'aller en classe, on le
trouvait devant la divine Eucharistie, dans une
attitude angélique, attendant la bénédiction de son
Sauveur. Bientôt il se levait, se rendait vite au collège tout joyeux. La classe terminée, il venait
visiter son Dieu, ne pouvant vivre un instant loin de
lui.

Quand Stanislas ne priait pas, il faisait quelque
lecture pieuse. Il aimait surtout à lire un ouvrage
composé par Frédéric Nausea, évêque de Vienne,
sur les principales fêtes de la très sainte Vierge. On
lui voyait ce livre continuellement entre les mains.
Dans quelque autre livre qu'il fît la lecture, il éprouvait une impatience pieuse de rencontrer quelques
lignes sur la sainte Vierge, ou au moins son nom
si doux. Quand, après avoir attendu trop longtemps
au gré de ses désirs, il tombait enfin sur ce nom si
cher à son amour, sa joie éclatait soudain ; il le baisait tout d'abord avec respect, puis il ôtait ses yeux
de dessus le livre, les élevait au ciel tout baignés de
larmes, comme pour y chercher sa mère qui lui
manquait sur la terre ; un instant après des soupirs
pleins de mélancolie s'échappaient de sa poitrine ; il

se voyait ici-bas bien loin d'elle, dans un lieu d'exil, et n'était plus maître de l'émotion qui le saisissait à cette pensée.

Afin d'avoir, le plus souvent possible, sous ses yeux, ce nom qui semblait résumer pour son cœur la douceur du ciel et de la terre, et sans lequel tout lui était insipide et ennuyeux, il avait fini par l'écrire presque sur toutes les feuilles de ses livres. Au haut des pages et dans les marges des auteurs de classe on lisait cette invocation : « *O Maria, sis mihi propitia.* O Marie, soyez-moi propice. »

A la prière et aux lectures de piété, Stanislas joignait l'étude. Les pensées toutes célestes dont son âme était remplie peuvent nous faire soupçonner quelque chose de l'exquise pureté des sentiments qui l'animaient en étudiant. Il cherchait une science qui tendît à la piété, et étudiait ainsi plutôt pour son cœur que pour son esprit. Il ne pensait à perfectionner son intelligence que pour la rendre plus capable de connaître Dieu et pour alimenter dans son cœur un amour de plus en plus grand envers lui. Si le Saint-Esprit n'était pas là pour expliquer des sentiments si élevés, on ne pourrait revenir de son étonnement, en voyant un tout jeune homme, qui n'avait pas encore fait sa rhétorique, entendre ainsi la science et la prendre dans le sens le plus vrai et le plus sublime qu'elle puisse avoir.

Entre toutes les choses qui étaient l'objet de ses études, il y en avait une singulièrement chère à son cœur. Sa grande piété envers la sainte Vierge avait naturellement fait naître dans son âme le besoin de connaître à fond les grandeurs et les prérogatives de l'auguste Reine des anges. Il mettait donc ses délices à chercher dans les ouvrages qui parlent d'elle tout ce qui a été dit de plus beau et de plus grand à sa louange; il transcrivait sur des cahiers destinés à cet usage les passages qui le frappaient le plus. Souvent, au milieu de la douceur ineffable de cette étude, découvrant tout à coup quelque nouvelle grandeur dans cet immense océan de perfections dont il plut à Dieu d'orner la sainte Vierge, il entrait dans des ravissements, à la pensée, trop suave pour lui, qu'il avait une telle mère.

Toutefois, Stanislas ne se livrait à ces études pieuses, à ces lectures et à ces longues prières, que quand il avait terminé le travail que ses maîtres lui avaient donné. Sa dévotion était trop éclairée pour lui faire négliger les devoirs de son état. Seulement,

son extrême facilité lui laissait un temps libre très
considérable, et le dispensait d'étudier beaucoup les
matières de sa classe Il paraît qu'il arrivait en un
instant à donner à ses compositions un fini et une
beauté qu'aucun de ses condisciples ne pouvait
atteindre. Entré au collège moins avancé qu'eux
tous, il les avait surpassés en très peu de temps. Et,
pour arriver à ce résultat, il lui avait suffi de consacrer à l'étude seulement quelques moments chaque
jour, selon que l'a déclaré, sous la foi du serment,
un de ses serviteurs, Laurent Pacifici.

On a toujours attribué cette facilité, qui tient du
prodige, à sa piété envers la sainte Vierge. Pour se
former au style et à l'éloquence il n'avait jamais
pris d'autres sujets que ses grandeurs. Son imagination, son cœur, son esprit, toutes ses facultés
s'étaient développées en s'exerçant à la connaître et
à l'aimer. On croit que la sainte Vierge, sensible à
tant d'amour, lui accorda en récompense le don de
réussir dans les sciences, sans avoir besoin de passer beaucoup de temps à les étudier.

Cette aimable tradition, qui montre la sainte
Vierge facilitant le travail à Stanislas, son enfant
bien-aimé, afin qu'il pût jouir à loisir de la conver-

sation divine, a toujours été accueillie avec le plus pieux respect. Les vrais chrétiens, dans tous les temps, ont senti une inclination de cœur fort douce à croire l'auguste Marie assez bonne pour se laisser attendrir par l'amour que lui portent ses enfants, et pour avoir à leur égard tout ce qu'il y a de plus exquis en fait de délicatesse et de prévenances.

*
* *

Il faut maintenant raconter combien Stanislas était mortifié dans la maison de l'hérétique. Dès ses plus jeunes années, il avait soumis à des pratiques austères et à un régime rigoureux son corps tendre et délicat. Par mille petites industries, toutes très pieuses et très touchantes, il avait su se faire souffrir, en restant, par exemple, à genoux un assez long temps, les bras étendus en croix, en jeûnant fréquemment, sous prétexte de maladie. Cela lui arrivait particulièrement la veille des fêtes de la sainte Vierge. Sous la conduite des Pères, tandis qu'il habitait avec eux, il faisait usage des cilices et des disciplines, mais son entrée dans la maison du luthérien le porta à redoubler ses austérités.

Il aurait dès lors voulu ne vivre qu'au pain et à l'eau ; mais son frère et son gouverneur l'obligeant à se mettre à table avec eux, il lui fallait nécessairement se conformer à leur nourriture. Toutefois il savait bien s'arranger de façon à ne presque rien prendre, tout en faisant semblant de manger. Il était ingénieux pour recourir à mille petits manèges, afin qu'on ne pût s'apercevoir de ses privations. Enfin il quittait toujours la table au milieu du repas ; de sorte qu'il ne goûtait jamais les desserts, ni les choses qu'on mange ordinairement pour le plaisir.

Stanislas avait l'habitude de jeûner la veille des jours où il recevait la sainte communion. Son gouverneur se plaignait souvent de ces jeûnes trop multipliés ; il avait même fini par les lui interdire. Mais le saint enfant préférait la santé de son âme à celle de son corps. Alors, le soir, quand on lui disait de se mettre à table, il le faisait, mais ne mangeait rien, donnant pour motif qu'il n'avait pas faim ou qu'il était indisposé. Il réussissait ainsi à se dispenser de prendre part au repas.

Mais le saint jeune homme n'avait pas seulement ce genre de pénitence. Sous ses habits, il portait presque toujours contre sa peau un cruel cilice. Trouvant sans doute que cela ne faisait pas encore assez de mal à sa chair innocente, il se frappait rudement et longtemps avec la discipline. Ces flagellations avaient lieu surtout la nuit. Tout le monde dormait autour de lui ; c'était son heure. Il se mettait à genoux, et, selon l'habitude qu'il en avait dès ses plus tendres années, il étendait ses bras en forme de croix et demeurait dans cette posture si pénible le plus longtemps qu'il pouvait ; puis la fatigue l'obligeait enfin à les croiser sur sa poitrine. Au bout de quelque temps, ses forces l'abandonnaient ; et, tandis que son âme était dans la compagnie des esprits célestes, son corps presque sans vie restait étendu par terre. Cette oraison sublime durait plusieurs heures. Quand il se relevait, c'est alors qu'il prenait la discipline ; il s'en déchirait la chair, et le sang coulait partout ; ses vêtements en étaient tout tachés.

C'est ainsi que le pauvre enfant, gêné pendant le jour, dans ses mortifications, par son gouverneur, se dédommageait pendant la nuit. Il n'avait alors que Dieu pour témoin, et il savait que lui au moins ne l'empêcherait pas de se livrer à la pénitence.

Toutefois, dans sa candide simplicité, il ne prenait pas toujours les précautions qu'il aurait fallu pour n'être point découvert dans ses pieuses veilles. Il ne pensait pas à ce sang qu'il faisait jaillir de tous les côtés sous les coups de sa discipline, ni à ces torrents de larmes qu'il répandait à terre. Et, le matin, les domestiques découvraient tout. On se hâtait d'en informer Bilinski. Celui-ci connaissait trop peu les voies de Dieu et les inspirations qu'il donne à ses serviteurs, pour comprendre ces terribles austérités. Il se mettait en colère et faisait continuellement des remontrances à Stanislas. Il lui répétait à chaque instant que c'était pécher contre Dieu que d'agir ainsi, qu'il avait un tempérament très frêle, et qu'il allait se faire mourir.

Son frère Paul lui tenait aussi le même langage, mais tous ces discours ne pouvaient faire changer Stanislas de conduite et l'obliger de modérer l'austérité de sa vie. Cependant, pour avoir la paix, il résolut d'être plus circonspect quand il se donnait la discipline. Il prit des précautions pour que le sang qu'il faisait jaillir apparût moins, et s'efforça

de dérober de son mieux à tous les regards les
saintes traces de ses veilles.

* *

Stanislas avait un frère qui était loin de lui ressembler. Agé de vingt ans et tout rempli déjà de
l'esprit du monde, Paul Kostka pensait peu à Dieu
et à son âme. Il faisait grand cas des parures élé-
gantes, aimait à se parfumer et prodiguait à son
corps les soins les plus exquis, désirant par-dessus
tout plaire et briller dans le grand monde qu'il fréquentait assidûment. Bilinski, son gouverneur, l'encourageait dans ces goûts de vanité, et ne respirait,
comme lui, que les plaisirs et les douceurs d'une
vie commode et sans contrainte.

On comprend qu'étant ainsi ils ne pouvaient
goûter la vie de Stanislas. Cette attention à Dieu,
ces oraisons si longues, cette pratique courageuse
de la vertu, cette simplicité de tenue, ces mœurs
si pures, toutes ces choses les gênaient.

Pourtant Stanislas ne faisait rien qui pût leur donner le moindre chagrin. Plein de délicatesse et de réserve, il se gardait bien de leur adresser le plus petit reproche. Dans tous ses rapports avec eux, il s'appliquait à mettre une suavité, une gaieté franche et très aimable. Mais, ce pieux jeune homme ne pouvait empêcher ses actes de parler à l'âme de son frère et de son gouverneur. L'un et l'autre se sentaient condamnés par sa piété ; tous deux rougissaient en secret d'eux-mêmes, en pensant aux admirables exemples qu'ils recevaient à chaque instant de lui. N'étant pas assez généreux pour les suivre, ils n'en pouvaient supporter la vue, et ils avaient conçu une implacable inimitié contre Stanislas. Ainsi tout ce qu'ils découvraient chaque jour de sa vertu ne faisait que les aigrir davantage.

Avec son caractère hautain, Paul n'était pas de nature à se retenir, et à chaque instant il injuriait son frère, lui reprochant ses abstinences, ses veilles, ses oraisons, ses habitudes humbles et sévères. Il lui faisait un crime de ce qu'il allait si souvent à l'église, surtout de ce qu'il fréquentait les Pères de la Compagnie de Jésus. Il lui disait de se vêtir d'une façon plus convenable à son rang, de se mêler davantage aux conversations, de ne pas fuir la société comme un sauvage.

Bilinski était sans doute plus modéré ; sa position de gouverneur l'y obligeait naturellement. Mais il n'épargnait pas cependant à Stanislas les remontrances, et lui témoignait souvent avec amertume son mécontentement.

Paul, d'ailleurs, ne se contentait pas de le poursuivre de ses mépris et de ses injures. Pas un jour ne se passait sans qu'il n'en vînt à des violences extrêmes. Dans sa colère, il renversait par terre Stanislas, le frappait à coups de pied et le laissait sur le carreau : en se retirant, il lui disait : « J'ai honte d'être ton frère ; je te renonce, misérable, qui me fais rougir. »

Le lendemain pareille scène recommençait ; il le souffletait ; le pauvre enfant, étourdi, tombait par terre. Paul prenait un bâton et le frappait avec cruauté. Ainsi couché, foulé par les pieds de son frère, recueilli en lui-même, les bras croisés sur sa poitrine, le cœur en Dieu, sans jeter le plus petit cri, sans pousser le moindre gémissement, il invoquait tout bas le nom de Jésus et de Marie, et s'of-

frait à souffrir encore davantage pour l'amour de
son Seigneur.

Cependant les cris furieux que Paul poussait en
battant l'innocente victime faisaient quelquefois
venir Bilinski. Le gouverneur, saisi de compassion,
arrachait le pauvre enfant des mains de son frère ;
mais c'était pour recommencer le chapitre des
reproches et des outrages ; il terminait presque toujours ainsi : « Voilà les châtiments que s'attirent
les entêtés et les désobéissants. Tout cela vient de
votre faute. Si vous meniez une vie moins sauvage,
si vous étiez plus condescendant aux désirs de
Paul, si vous viviez enfin comme doit vivre un seigneur de votre qualité, vous seriez aimé, bien vu,
chéri de votre frère. »

Stanislas, ainsi tourmenté pendant le jour n'était
pas, pendant la nuit, à l'abri de la persécution. Son
frère, et ses cousins avaient leurs lits dans la même
chambre que lui. Une petite lumière restait toujours allumée. Quand il croyait tout le monde
endormi, Stanislas avait l'habitude de se lever pour
prier. Il se prosternait la face contre terre, et demeurait longtemps en oraison, puis se recouchait, afin
qu'on ne s'aperçût de rien, et pour paraître se lever

comme les autres, quand le matin était venu. Les jeunes gens qui étaient couchés dans la chambre avaient fini par voir qu'il quittait son lit pour se livrer à la prière, et qu'il demeurait ainsi prosterné plusieurs heures sur le carreau.

Cette chose était bien de nature à toucher leur cœur, et sans doute que chacun en particulier n'avait pu se défendre d'un certain attendrissement. Mais ayant parlé de cela ensemble, ils s'étaient mis à tourner en dérision ces saintes veilles et à en rire comme de folles extravagances, et s'étaient concertés pour aller le troubler dans ses contemplations. Afin de ne pas l'empêcher de quitter son lit à l'heure accoutumée, ils faisaient semblant de dormir. Quand ils le voyaient prosterné, l'un d'eux se levait; feignant de ne pas l'apercevoir, il se dirigeait de son côté, et allait à dessein le heurter et s'embarrasser contre son corps. Il montait sur lui comme on l'aurait fait sur quelque objet qui se serait trouvé par terre dans l'obscurité ; il le foulait et le poussait avec ses pieds, comme pour chercher ce que cela pouvait être. Et l'admirable enfant ne donnait pas le moindre signe d'impatience ; il ne se remuait pas plus que s'il eût été mort. Ce n'est pas qu'il fût insensible à ces outrages, qu'il n'en comprît point la malice, ni qu'il n'eût pas le sentiment du mal qu'on lui faisait ; mais le doux jeune homme aimait mieux se taire, afin de ressembler davantage à son divin Sauveur.

*
* *

Stanislas n'eut pas à essuyer seulement durant quelques mois les mauvais traitements de son frère et de son gouverneur. Ce cruel martyre se prolongea pour lui depuis le mois de mars 1565 jusqu'à la fin d'août 1567, époque où il s'enfuit de Vienne. La pauvre victime n'eut pas un instant de relâche durant ces deux années, toujours poursuivie, toujours menacée avec une fureur implacable, sans repos pendant la nuit, tantôt battue outrageusement, tantôt laissée par terre presque sans vie, continuellement injuriée et honnie ; on ne lui laissait pas le temps de respirer. Et, malgré tout cela, le jeune homme, doux comme un ange, ne s'aigrissait point ; il ne se lassait point, mais se livrait à la méchanceté de ses persécuteurs avec un calme inaltérable. On ne vit jamais l'air tout céleste de son visage l'abandonner un seul instant pour faire place à la tristesse. Celui qui l'aurait attentivement examiné au milieu de cet enfer aurait cru que la souffrance était passée chez lui en nature, tant il la supportait avec tranquillité. Quand son frère l'avait bien foulé sous ses pieds et que, sa colère assouvie, il le laissait sur le carreau, Stanislas se levait avec douceur, sans avoir dans l'âme le plus petit trouble, la moindre amertume ; il était aussi paisible qu'au sortir de son oraison. Un instant après, s'il rencontrait Paul, il l'abordait avec un visage plein d'aménité, et lui parlait comme si rien n'avait eu lieu.

Au reste, il était toujours aux petits soins pour lui, cherchant avec empressement à prévenir ses moindres désirs. On le voyait s'abaisser, pour lui rendre service, jusqu'aux offices les plus vils ; il nettoyait ses souliers, brossait ses vêtements, balayait sa chambre, et ne recevait pour récompense de cette amitié toute fraternelle que des coups ou des paroles dures et outrageantes. Rien ne pouvait le rebuter ; à chaque instant il recommençait à combler de bontés et de prévenances celui qui, à chaque instant, le repoussait avec une désolante insensibilité.

La pensée ne vint jamais à Stanislas de raconter ses peines à qui que ce fût ; il en parlait à Dieu, pour l'en bénir, mais c'était tout. On regarde comme une preuve de son bon cœur qu'il se soit toujours abstenu d'en écrire un seul mot à son père et à sa mère. Certainement, si ceux-ci avaient connu de quelle manière leur fils était martyrisé, ils eussent été au désespoir et se fussent empressés de l'arracher à des mains aussi cruelles. Mais Stanislas, qui savait tout l'amour que ses parents lui portaient, ne leur avait jamais rien dit des choses qu'il souffrait. Tenant donc sous le plus grand secret ces odieuses méchancetés, il mettait une délicatesse extrême à ce que les personnes du dehors n'en découvrissent pas la moindre trace, même dans sa figure, à laquelle il s'efforçait de donner un air de gaieté touchante. Si même, dans l'accès aveugle de sa colère, son frère lui avait meurtri le visage, il allait jusqu'à éviter de laisser voir à ce frère dénaturé ces marques de sa cruauté ; il ne paraissait devant lui que quand la tumeur avait disparu.

Même douceur pour Bilinski, son gouverneur, et même discrétion. Avec la même simplicité, il lui obéissait et se montrait envers lui, comme envers son frère, d'une docilité, d'une bonté, d'une humilité sans exemple.

Ce qu'il y a d'étonnant ici, c'est moins l'invincible douceur de Stanislas que l'opiniâtreté avec laquelle ses persécuteurs le tourmentèrent. Ils connaissaient pourtant bien le caractère du saint jeune homme; ils devaient voir qu'ils n'arriveraient jamais à le faire changer de conduite. C'était une âme qui n'avait que le ciel en vue, et qui regardait de trop haut les choses de la terre pour ne pas les mépriser souverainement. On est donc surpris de voir qu'ils ne comprenaient pas que Stanislas ne pouvait se faire aux joies de ce monde; que c'était plus fort que lui, et qu'ainsi, au lieu de perdre le temps à vouloir lui faire abdiquer la noblesse de ses sentiments, il eût été plus sage de le laisser enfin tranquillement servir son Dieu comme il l'entendait : d'autant plus que Stanislas ne leur cachait pas les raisons qu'il avait pour agir ainsi. Quand, après avoir reçu leurs injures et leurs coups, il les voyait un peu calmes, il leur demandait grâce, et les suppliait de considérer qu'il lui était impossible de s'occuper des choses de la terre ; né de Dieu et pour le ciel, il ne pouvait donner ses soins qu'aux choses célestes et son amour qu'à Dieu seul, ajoutant qu'il était affligé de leur causer de la tristesse, mais qu'il ne pourrait jamais prendre sur lui de s'affectionner aux vanités d'ici-bas, quand il se savait destiné aux cieux. « Je ne suis pas né pour les choses de la terre, s'écriait-il, je suis né pour les choses du ciel ; je veux m'occuper de celles-ci, et non de celles-là. » Ces paroles, qui devaient lui attirer le respect de tous les hommes, le faisaient battre alors par son frère avec plus de cruauté.

Stanislas était donc véritablement contristé de causer à Paul de la peine. Dans le cœur des saints, il y a une grande tendresse, parce que l'amour de Dieu donne toujours une exquise sensibilité à l'âme ; et ainsi cet enfant si céleste, si indifférent, si dur pour lui-même, pleurait souvent sur son frère. Avec quelle joie il eût sacrifié ses goûts les plus chers pour lui être agréable !

Au reste, il n'y avait pas d'industrie qu'il n'employât pour arriver à faire plaisir à Paul et à Bilinski. Ainsi nous avons vu qu'il mettait au nombre de ses grandes joies celle de jeûner la veille des jours de communion, afin de pouvoir offrir quelque léger sacrifice à son Dieu, qui descendait du ciel pour venir à lui. Quand Bilinski n'agréait pas les motifs que sa piété ingénieuse savait toujours si bien trouver pour se dispenser de prendre le repas du soir, avec gaieté et sans témoigner la moindre peine de n'avoir pas réussi cette fois dans sa ruse sainte, il se mettait à table et mangeait.

Pour cette âme choisie, la vertu de pauvreté était naturellement une bien douce vertu : ses yeux d'ange n'avaient pas tardé à en découvrir la beauté ; ne pouvant en revêtir les saintes livrées, comme son attrait l'y eût porté, il trouvait au moins son bonheur à ne se servir que des habits les plus simples. On lui adressait souvent des reproches à ce sujet, sans qu'il jugeât à propos de s'amender, à moins pourtant qu'il n'eût à faire quelques visites de bienséance, et si Bilinski lui commandait de prendre quelque chose de plus élégant, il obéissait alors de très bonne grâce.

Ne sortant jamais que pour se rendre à l'église ou pour aller voir les Pères de la Compagnie de

Jésus, il désirait n'être pas accompagné de son domestique. C'était autant pour se priver de cette marque de distinction que pour cacher à son frère sa piété et ses rapports fréquents avec ces saints religieux. Mais, quand il était obligé d'aller ailleurs, et que Paul lui exprimait le désir de le voir suivi par un domestique, ainsi que cela convenait à un jeune seigneur de son rang, Stanislas ne faisait aucune difficulté. Il poussa même la condescendance jusqu'à consentir à prendre avec son frère des leçons de danse. Il est facile de s'imaginer combien, avec ses goûts angéliques, une pareille chose lui déplaisait ; mais Paul le lui avait demandé, et son bon cœur n'avait pas cru pouvoir se refuser à lui faire ce plaisir.

* * *

On aimera à reconnaître l'admirable motif pour lequel saint Stanislas mortifiait son corps avec tant de rigueur et se laissait battre si cruellement par

son frère. En se mortifiant, comme nous l'avons
vu, Stanislas obéissait sans doute à cet attrait que
Dieu n'a jamais manqué de donner à tous ceux
qu'il appelle à une grande sainteté ; et, d'un autre
côté, si durant deux années entières il préféra être
la victime de la cruauté de son frère, plutôt que de
changer de genre de vie, cela tenait à la nature de
son âme angélique, qui ne voulait et ne pouvait
respirer que le Ciel, et qui était résolue d'éviter à
tout prix ce qui aurait pu l'empêcher de se livrer
aux choses divines, et ce qui aurait été capable,
nous ne disons pas d'éteindre, mais seulement
d'attiédir l'ardeur de son esprit. Toutefois il avait
un motif, sinon plus sacré, au moins plus tou-
chant, qui est propre à agrandir la vénération et
l'amour qu'on est porté à avoir pour lui. Stanislas
voulait surtout, par ces moyens, mettre à l'abri son
innocence, et conserver ainsi à Dieu son cœur sans
tache.

Il était un ange de pureté. Tout jeune, on s'en
souvient, il se trouvait mal quand il entendait la
moindre parole contre sa bien-aimée vertu ; et,
avançant en âge, il avait pris en plus grande affection encore sa chère et douce fleur de chasteté.

Mais on sait comment sont faites les âmes pures ; elles craignent toujours pour leur innocence quelque péril. Elles ne trouvent de sécurité que dans les pénitences et dans la fuite du monde.

Stanislas avait une complexion forte, un sang généreux et bouillant ; il était aussi ardent et aussi vif par tempérament que peut l'être un jeune homme de son âge. Il avait de plus des manières distinguées et était naturellement très aimable ; sa figure était belle et fort douce. Tous les jeunes gens nobles de Vienne, qui aimaient sa conversation, son esprit et ses formes si gracieuses, le recherchaient avec le plus grand empressement.

Donc, guidé par ce sens exquis que donne la pureté, il soupçonna qu'il avait beaucoup à craindre pour sa chère vertu, et du côté de son corps et du côté des compagnies que son frère l'invitait à fréquenter. Avec ce contentement ineffable que donnent toujours au cœur les sacrifices qu'on s'impose pour l'angélique chasteté, il voulut entourer sa chair des épines de la mortification. Ainsi, c'est afin de rester toujours ange, dans son âme et dans son corps, qu'il s'exténuait à force de pénitences. Les cilices qu'il portait sur sa peau nue, et les

pointes si dures de ces vêtements cruels, les disciplines avec lesquelles il se mettait en sang toutes les
nuits, ses longues veilles et ses jeûnes, toutes ses
austérités n'avaient pas d'autre fin pour lui que
celle de le tranquilliser sur son beau trésor. Il espérait qu'il ne lui serait pas ravi tant qu'il ferait
souffrir son corps. On pense bien qu'en le traitant
avec une pareille rigueur, il mit cet ennemi redou-
table dans l'impossibilité de lui nuire.

Après s'être assuré de ce premier ennemi de son
innocence, en le tenant constamment attaché à la
croix, selon que le demande saint Paul : *carnem
crucifigentes cum concupiscentiis*, Stanislas ne fut pas
encore tranquille. Il sentit qu'il fallait en outre
mettre à l'abri des séductions du monde sa chère
vertu, car il était bien facile de perdre la candeur de
l'innocence dans les compagnies où on voulait
l'entraîner. Il trembla, craignant que, dans ces
réjouissances, dans ces réunions, dans ces repas et
dans cette élégance et cette recherche de vêtements,
il n'y eût des pièges secrets, et il ne goûta de paix
qu'après avoir pris la résolution de fuir toutes ces
choses.

En adoptant un semblable parti, il n'ignorait pas

tout ce qu'il allait s'attirer de mépris et de mauvais
traitements. Mais l'enfant généreux était dans la
vérité : la conservation de l'innocence est préférable
à la vie la plus délicieuse ; aucun bien ne vaut sans
cet incomparable trésor. Ayant pour point d'appui
la vérité, Stanislas fut d'une inébranlable constance.
Il se laissa donc injurier, fouler aux pieds, battre et
tourmenter de mille manières ignominieuses, plutôt
que de fréquenter, ainsi qu'on le voulait, ces
sociétés, où il croyait avoir tout à craindre. C'était
assurément une chose moins cruelle pour lui de
souffrir pendant deux ans et même toute sa vie,
s'il eût fallu, ce martyre si douloureux, que de voir
exposée, un seul instant, son innocence au moindre
danger.

Si l'on demande comment le saint jeune homme,
qui n'a jamais eu la plus légère tentation, pouvait
deviner qu'il y avait quelque péril pour lui dans
ces réunions, nous répondrons que c'est précisé-
ment sa pureté qui l'avertissait. Vraiment, c'est
une des belles choses qu'il est donné à notre esprit
de contempler que l'admirable circonspection inspi-
rée aux âmes par l'angélique vertu. S'il était
permis de parler de la sorte on dirait qu'elle pos-

sède, à un sublime degré, je ne sais quel instinct divin de sa conservation, et qu'elle communique à l'âme un sens très fin et un discernement très délicat pour tout ce qui peut lui nuire, même de loin. Ainsi Paul, en demandant à son frère qu'il vécût d'une manière plus conforme au siècle, ne voulait certainement pas l'amener à offenser Dieu ; mais, si lui ne savait pas que, dans ces divertissements et au milieu de cette dissipation de la vie mondaine, il pouvait y avoir quelque danger, Stanislas, si pur, l'avait deviné.

On voit donc bien que cette fleur si fraîche d'innocence virginale, qu'il conserva jusqu'à son dernier soupir, coûta au saint jeune homme de grandes pénitences et de cruelles persécutions. Il l'acheta véritablement au prix de son sang. Nous admirons beaucoup de saints, qui, pour garder ce précieux trésor, se sont roulés dans les épines, ou se sont plongés jusqu'au cou dans l'eau glacée, au cœur de l'hiver, quand ils étaient tourmentés par de grandes tentations. L'angélique vertu est digne de ces héroïques combats : *Digna est his et majoribus prœliis.* Mais notre cher saint nous apparaît si beau parmi tous ces martyrs de la chasteté, lui qui, à force de se faire souffrir, empêcha que la tentation eût sur lui la moindre prise ; il nous semble si magnifique, que, sans vouloir ôter aux autres saints quelque chose de leur gloire, nous avouons n'avoir pas de peine à comprendre qu'un attrait plein de douceur porte les âmes vers Stanislas, et le fasse tendrement chérir par celles qui tiennent à leur pureté plus qu'à leur vie.

Mais Dieu, on le pense bien, ne voyait pas d'un œil insensible son enfant qui s'immolait sans pitié chaque jour, avec une joie naïve, pour avoir le bonheur de lui garder toujours son âme exempte de souillure ; et comme cet adorable Seigneur est grand, libéral et magnifique, et qu'il a coutume de payer en Dieu le peu qu'on fait pour lui, on attend ici quelque prodige de sa miséricorde en faveur de Stanislas. Il daigna, en effet, montrer d'une admirable manière combien le pieux enfant avait touché son cœur. Entre tous les privilèges dont sa toute-puissance dispose, il n'en trouva pas de plus beau à lui donner que celui d'inspirer la pureté à tous ceux qui le verraient, ou qui verraient son image, ou seulement qui penseraient à lui : il lui accorda cette incomparable grâce. Il a été reconnu, on le sait, qu'il est impossible de trouver un exorcisme plus puissant contre les tentations impures, que de mettre simplement devant les yeux de celui qui est troublé par elles la céleste figure de saint Stanislas.

Sans doute, Dieu lui témoigna un grand amour en lui accordant ce privilège, et le récompensa ainsi avec usure de tous ses sacrifices. Aussi on éprouve pour ce Dieu de bonté un sentiment d'ineffable reconnaissance de ce qu'il a daigné ainsi dédommager l'héroïque enfant. Par cette faveur, que d'âmes il attachait pour tous les siècles à saint Stanislas! Assurément, il le couronnait d'une gloire peut-être la plus pure et la plus douce de toutes les gloires, puisque son angélique figure ne pouvait plus apparaître sans apporter quelque chose du ciel aux âmes, et sans donner la paix des anges à celles qui seraient le plus troublées.

* *
*

Stanislas entrait dans sa dix-septième année. C'est alors que le Saint-Esprit commença à faire naître dans son âme un attrait très grand pour la Compagnie de Jésus. Aussitôt que le pieux jeune homme sentit cette première touche de la grâce, il protesta humblement à Dieu qu'il était prêt à suivre ses inspirations. Lui, qu'on avait tant contrarié jusqu'ici dans le désir immense qu'il avait de ne vivre que pour le ciel, voyait toute entrave enlevée, s'il pouvait entrer dans cet Ordre. Là, au lieu de contrarier ses goûts pieux, on l'encourageait dans son amour pour le Seigneur et pour les choses éternelles. Dans cet institut, en effet, il n'est permis de vivre que pour Dieu seul. Ce qui en fait la base, ce qui en est l'âme, c'est la gloire divine cherchée et procurée de la manière la plus grande possible ; de sorte que le jésuite qui respirerait autre chose que la gloire de Dieu, n'aurait pas l'esprit de son fondateur et ne serait enfant de saint Ignace que de nom. L'âme céleste de Stanislas trouvait en cela quelque chose de bien séduisant. Son attrait était parfaitement d'accord avec ce que Dieu daignait demander de lui.

Une chose ici le désolait : il était certain que jamais le sénateur Kostka ne lui donnerait la permission d'entrer en religion. Que faire ? Partir malgré lui ? C'était faire du bruit et de l'éclat inutilement : son père, d'un seul mot, pouvait le ramener en Pologne.

Stanislas demeura six mois dans cette perplexité, sans en parler à personne. Dieu le permit ainsi pour l'éprouver, et pour montrer que le souverain remède à ces peines de l'âme est dans l'aveu qu'on en fait au directeur de sa conscience.

Il alla s'ouvrir enfin au Père Nicolas Doni et lui raconta que depuis six mois, il se sentait vivement porté à entrer dans la Compagnie de Jésus, qu'il n'avait pas encore osé lui découvrir ses pensées à ce sujet, mais qu'il éprouvait un immense regret de ne l'avoir pas fait. « Quelle ingratitude, mon père, s'écriait-il en sanglotant, d'avoir ainsi négligé de suivre les inspirations du Ciel! J'aurais mérité de perdre pour toujours une vocation si précieuse. » Quand il eut achevé, il sentit tout à coup entrer dans son âme une consolation délicieuse. Toutes ses inquiétudes s'évanouirent sans que le Père eût besoin de dire un seul mot pour chercher à les dissiper, et il se releva avec la certitude que Dieu saurait bien faire disparaître les obstacles qui s'opposaient à ses désirs.

Le saint jeune homme commença donc à faire ses premières démarches auprès des Pères pour obtenir la faveur d'être admis parmi eux. Il employa les supplications les plus touchantes. Mais les Pères se virent obligés de lui dire qu'il leur était impossible de le recevoir sans le consentement de son père.

Quelques années auparavant, des jeunes gens appartenant aux familles les plus nobles de Vienne avaient senti, comme Stanislas, l'impression de la grâce divine, et étaient venus supplier humblement le Père provincial de leur accorder la même faveur. Le Père s'était laissé toucher, et avait accepté ces jeunes gens malgré l'opposition de leurs familles.

Mais les parents ne manquèrent pas de se récrier, et la Compagnie eut à souffrir de leur part une véritable persécution.

Au moment où Stanislas demanda à être reçu, la tempête n'était pas encore apaisée. Les Pères, désolés de ne pouvoir lui ouvrir les portes du noviciat, lui dirent donc : « Nous voudrions vous donner cette consolation, mais nous ne le pouvons pas. L'influence du sénateur Kostka, votre père, est considérable en Pologne ; si nous l'indisposons contre nous, il ne manquera pas d'inquiéter nos Pères qui sont en votre pays. » Stanislas, se voyant refusé, éprouva une peine inexprimable.

Cependant une fête, pour lui pleine de douceur, vint suspendre un instant son affliction. Chaque année, il voyait arriver, avec une consolation sensible, le jour consacré à sainte Barbe, vierge et martyre. Dans tout le Nord, cette sainte est en grande vénération. Stanislas, qui se préparait toujours à sa fête d'une manière particulière, voulut la célébrer cette année avec plus de dévotion que jamais. On le vit donc commencer sa neuvaine avec une grande ferveur ; il augmenta ses jeûnes, ne se dépouilla presque point de son cilice, et prit chaque nuit, avec plus de rigueur, la discipline jusqu'au sang. Il donna aussi plus de temps à l'oraison, et prolongea davantage ses veilles. Chaque jour de sa neuvaine, il lisait attentivement quelques pages de la vie de la sainte. Un passage le frappa beaucoup, et l'émut délicieusement. C'est l'endroit où il est parlé de la grande bonté que la sainte montre toujours à ses fidèles serviteurs, quand ils sont à leurs derniers moments : jamais elle ne les laisse mourir avant qu'ils aient reçu le saint viatique ; au moins on croit pieusement que Dieu lui a donné ce pouvoir.

Le jour de la fête de sainte Barbe arrivé, il redoubla de dévotion, reçut la divine Eucharistie en son honneur, et la conjura de le mettre au nombre de ceux qu'elle aime. Sentant qu'il était exaucé, il se disait à lui-même avec une ineffable joie : « Oh ! quelle consolation je vais avoir désormais, quand je penserai à mes derniers moments ! Je puis donc compter sur l'assistance de cette grande sainte, être assuré qu'elle me fera alors apporter mon Dieu, afin que je le voie une dernière fois et que je m'en nourrisse, avant de partir pour les cieux. »

Stanislas ne pensait pas qu'il était si près d'avoir

besoin du secours de sainte Barbe, ni qu'elle exaucerait, de la manière admirable que nous allons bientôt connaître, ses prières.

⁂

Vers le milieu de décembre 1566, Stanislas tomba malade. La fièvre qui le prit fut d'abord légère et n'inspira aucune inquiétude sérieuse. Pourtant il était obligé de garder le lit. Là, comme en bonne santé, il s'unissait à Dieu par la prière, et retrouvait toute sa dévotion, se consolant dans des entretiens très pieux avec ses saints, ses anges, la sainte Vierge et tout le paradis. Plusieurs jours s'écoulèrent ainsi sans que la fièvre disparût. L'humble enfant, entre les mains de Dieu, demeurait paisible et plein de patience.

Un matin qu'il était occupé des choses célestes et qu'il parlait à Dieu avec cette intimité qu'on lui connaît, il fut tiré de son recueillement par une apparition effroyable. Sans que la porte de la chambre se fût ouverte, un chien énorme était entré, on ignore de quelle manière. Stanislas ne tarda pas à l'apercevoir. Un autre que lui aurait senti son sang se glacer dans ses veines en voyant le monstre; sa grosseur horrible, ses poils hérissés, et de couleur noire, ses yeux, d'où sortait comme du feu, tout en lui était de nature à produire le plus grand effroi. Ce chien donc, après s'être tenu quelques instants immobile, fait plusieurs pas dans la chambre et se jette tout à coup avec fureur sur le lit de Stanislas, ouvrant sa gueule et se préparant à le dévorer.

Le saint enfant ne perd pas un instant ce calme qu'il avait toujours. Sentant déjà l'haleine de cette cruelle bête, dont la gueule était près de lui, il se contente de faire tranquillement le signe de la croix, et le chien descend du lit où il s'était élancé avec tant de rage; on eût dit qu'il avait reçu un coup mortel. Cependant, après avoir fait un tour dans la chambre, il hérisse de nouveau ses poils, et se prépare à bondir encore une fois sur le lit. Stanislas, toujours maître de lui-même, élève les yeux au ciel, et, voyant le chien s'approcher, fait le signe de la croix. Le monstre tombe à terre, mais pour se relever avec une plus grande fureur ; il se jette pour la troisième fois sur le saint enfant. Avec une inaltérable paix, Stanislas fait le signe de la croix, et le chien horrible disparaît subitement.

Il faut dire qu'aussitôt qu'il s'était aperçu de la présence du monstre dans la chambre, Stanislas avait pensé que ce pouvait être l'esprit de ténèbres ; car il n'y avait pas de chien dans la maison et celui-là était entré la porte fermée.

Le saint jeune homme ne s'était pas trompé. Le démon avait pris cette forme dans le but de l'épouvanter. Sachant que la maladie de Stanislas allait s'aggraver et que sans un miracle il ne tarderait pas de toucher à ses derniers moments, Satan voulait ainsi le troubler et rendre sa mort moins tranquille. Mais ses efforts furent inutiles.

*
* *

Cependant, depuis l'apparition du démon, la maladie faisait des progrès effrayants. Les médecins

virent bientôt toute espérance s'évanouir, et Stanislas comprit qu'il était à l'extrémité. C'est alors
qu'une profonde affliction s'empara de lui. Sa peine
ne venait pas de la pensée qu'il allait mourir : il
n'avait rien à perdre en quittant la terre, puisque
tout ce qu'il aimait était au ciel. Le monde jusqu'ici
n'avait donné à son jeune cœur que des épines ; il
avait laissé la fleur de ses années dans les tourments
de la persécution; son âme donc, qui n'avait jamais
été asservie un seul instant aux choses d'ici-bas,
partait contente, sans qu'aucun lien la retînt, vers
son Dieu, dont il lui tardait tant de jouir. Ainsi la
mort était pour lui un véritable bonheur.

Mais il avait toujours nourri l'espérance de ne
pas sortir de ce monde avant d'avoir reçu une dernière fois son cher Rédempteur. Dans la maison du
luthérien la chose allait-elle lui être impossible?
Kimberker n'avait que du mépris pour nos saints
mystères, et il eût mis hors de chez lui Stanislas tout
agonisant qu'il était, plutôt que de laisser jamais
un prêtre catholique entrer dans sa demeure. Voilà
ce que ne savait que trop le saint jeune homme.
Mais comme l'amour ne désespère jamais, il cherchait à se persuader que peut-être l'hérétique se

laisserait toucher, et que la compassion pour un enfant qui se meurt le ferait se relâcher de son zèle outré contre le catholicisme.

Stanislas se trompait. Paul et Bilinski auraient voulu le satisfaire, mais jugeant que Kimberker repousserait impitoyablement tout prêtre, et que le malade ne pourrait recevoir le viatique, ils cherchèrent à persuader à Stanislas qu'il n'était pas du tout en danger de mort. Ils pensaient par là le tranquilliser, et avoir eux-mêmes la paix, car les larmes et les prières de l'enfant les troublaient et leur faisaient de la peine. Les médecins appuyèrent par complaisance le dire de Paul et de Bilinski, mais Stanislas ne se laissa pas tromper. Voyant que ses instances auprès des hommes étaient inutiles, il avait fini par se décider à ne plus rien leur dire et à ne laisser voir ses larmes qu'à son Père céleste. Il le conjurait donc souvent, avec une grande confiance, de contenter les désirs de son enfant qui se mourait, et, au fond de son âme, il avait l'espérance de ne pas quitter cet exil sans s'être nourri du pain des anges.

C'était le moment d'invoquer sainte Barbe. Il n'y manqua pas. Il lui adressait donc les plus ferventes prières. « Très douce sainte, s'écriait-il, vous voyez bien si je ne suis pas à plaindre de ce que mon frère m'a fait venir dans une maison où on ne veut pas voir entrer Notre-Seigneur Dieu. Usez donc en ma faveur, très douce martyre, de la grâce spéciale que Dieu vous a accordée, d'empêcher que ceux qui vous ont implorée durant leur vie meurent sans sacrements. »

Le pieux jeune homme fut exaucé. Pensant qu'avec Stanislas il n'était pas besoin de garder les mesures dont il use avec les autres habitants de la terre, le Seigneur jugea à propos de mettre son enfant bien-aimé en communication directe avec les Cieux. Au lieu de disposer les choses de façon à ce que l'hérétique permît enfin à un prêtre d'apporter au malade la sainte Eucharistie, ce qui lui était très facile, vu qu'il tient dans ses mains le cœur des hommes, Dieu aima mieux faire donner à Stanislas la communion par le ministère d'un ange.

Il chargea de cette mission un de ces esprits bienheureux qui, autour de son trône, attendent avec un humble respect les ordres de sa sainte volonté. L'ange ayant dans ses mains le pain Eucharistique vint donc dans la chambre de Stanislas.

Sainte Barbe, qui était aussi descendue des cieux avec un autre ange, pour faire cortège au Dieu caché sous les espèces sacramentelles, entra avec lui.

Au moment où apparut l'ange avec la divine Eucharistie, Stanislas avait auprès de lui Bilinski, son gouverneur. Celui-ci, accoutumé à le voir continuellement en extase, ne s'étonna pas tout d'abord du saisissement auquel il le vit en proie. Il l'observait depuis quelques instants avec plus d'attention et voyait par degrés sa figure blanchir et devenir toute brillante ; une larme n'attendait pas l'autre sur son visage radieux, et une indicible émotion gagnant Stanislas, le gouverneur finit par être effrayé. Mais son étonnement fut grand, quand il entendit le saint jeune homme lui dire d'une voix douce et consolante, comme une voix angélique : « Mettez-vous à genoux ; voici le Roi du ciel. Deux anges et sainte Barbe sont avec lui. » Et, sans attendre davantage, Stanislas, qui tout à l'heure n'avait plus la force de faire le moindre mouvement, ranimé soudain par la présence de son Dieu, se lève respectueux et se prosterne à sa rencontre.

Confondu et troublé, l'humble enfant reste

quelques instants en adoration ; puis avec douceur il relève un peu la tête et récite le *Confiteor*. Toujours à genoux par terre au bas de son lit, il récite encore le *Domine, non sum dignus*, et l'ange vient déposer sur ses lèvres la sainte hostie ; et tandis que Stanislas, en possession de son Dieu, regagne sa couche, les anges et sainte Barbe retournent au ciel.

*
* *

Consolé au delà de tout ce qu'on peut dire, le pieux jeune homme sentait son âme défaillir de reconnaissance envers Dieu et envers la sainte martyre, sa protectrice, qui venaient de l'assister si miraculeusement. Il ne tarda pas à entrer en agonie et bientôt fut réduit à la dernière extrémité. Ceux qui entouraient son lit pleuraient, s'attendant à le voir à chaque instant expirer. Sans un miracle de Dieu cela allait arriver. Mais le Seigneur voulait que Stanislas vécût encore, et il confia à l'auguste Vierge

Marie la tâche de le retirer des portes du tombeau. Il pensa, sans doute, qu'il ne pouvait pas faire à Stanislas plus de plaisir qu'en lui rendant la vie par elle, et il voulut aussi montrer à tous, en récompensant de cette façon le tendre amour de Stanislas envers la Reine des anges, combien la dévotion qu'on a pour la sainte Vierge lui est agréable. Voici comment les choses arrivèrent : au moment même où il allait rendre le dernier soupir, tout à coup, au milieu d'une grande clarté, la sainte Vierge lui apparut, portant dans ses bras l'enfant Jésus. Avec l'air le plus doux et le plus consolant, elle s'approche de son cher malade, et dépose l'enfant Jésus sur son lit. Or, Stanislas fut sur le point de mourir, non plus de douleur, mais d'allégresse. Voyant le céleste Enfant si près de lui, à la portée de ses caresses et de ses baisers, il le prit et le tint longtemps sur son cœur.

L'enfant Jésus et Stanislas s'embrassaient réciproquement, et mettaient leurs joues sur leurs joues, leur cœur sur leur cœur. C'était une véritable joie du paradis. Stanislas suspendait un instant ses caresses pour regarder la sainte Vierge, et ses yeux revenaient bientôt sur l'enfant Jésus. Il reçut de la

Reine des anges les plus délicieuses paroles et essaya d'en balbutier quelques-unes pour témoigner sa reconnaissance à sa mère bien-aimée. La Vierge l'écoutait avec bonté ; mais, voulant enfin se retirer, elle lui fit le commandement exprès d'entrer dans la Compagnie de Jésus : « Tu recouvreras la santé, lui dit-elle ; mais la vie que je t'ai obtenue, je veux que tu l'emploies au service du Seigneur, dans la Compagnie de mon Fils ; tu dois finir tes jours dans la société qui porte son nom ; tu te feras Jésuite. » Quand la sainte Vierge eut achevé ces paroles, elle reprit son Enfant, puis elle le bénit, le regarda une dernière fois avec des yeux pleins de tendresse, et disparut enfin, le laissant comblé de la joie la plus pure et guéri pleinement de sa maladie.

Le saint jeune homme n'avait plus qu'une pensée, celle d'exécuter l'ordre que son auguste mère

était venue lui apporter du Ciel. Il alla donc trouver
son confesseur et lui fit part de sa vision. Le Père
Doni fut impressionné par les choses que Stanislas
lui raconta ; mais il ne savait comment s'y prendre
pour l'aider à accomplir ce que la sainte Vierge
demandait de lui. « Allez trouver de nouveau, lui
dit-il, le Père Provincial et faites-lui connaître que
la sainte Vierge a parlé cette fois. Ce qui vous a été
refusé à vous, pauvre enfant, ne peut l'être à la
Reine des anges qui le demande pour vous. » Stanislas se rendit donc auprès du vénérable Père Laurent Magi. Il lui parla avec une fermeté pleine de
modestie, essayant de lui faire comprendre dans
quel embarras son refus le mettait, puisqu'il avait
l'ordre exprès du Ciel d'entrer dans la Compagnie.
Mais, quelque pressantes que fussent ses prières,
le Provincial, malgré toute la force de ses raisons,
malgré tout ce qui apparaissait de céleste dans sa
vocation, ne put lui donner aucune parole qui le
satisfît. Ému de compassion pour lui, il l'embrassa tendrement et lui dit en des termes qui respiraient la plus pénible douleur : « Je suis obligé de
me faire une grande violence pour vous refuser ce

que vous demandez ; mais je ne puis vous recevoir
sans le consentement de vos parents. »

Il y avait alors à Vienne le cardinal Commendon,
envoyé par le saint pape Pie V auprès de Maximilien, pour arranger des affaires concernant la religion. Ce prince de l'Église, ami de la maison de
Kostka, avait été nonce apostolique auprès de Sigis-
mond, et avait reçu dans cet emploi la pourpre
romaine. Depuis une année seulement il avait quitté
la Pologne pour venir en Autriche. Pensant que ce
personnage éminent pourrait gagner en sa faveur
les supérieurs de sa Compagnie, Stanislas alla le
trouver. Le cardinal le reçut avec une grande affection, approuva son dessein et son ardeur à le poursuivre, et lui promit de faire tout ce qui dépendrait
de lui pour l'aider.

Le cardinal Commendon employa donc les instances les plus vives auprès du Père Magi pour le
faire consentir à recevoir ce jeune homme parmi les
novices. Mais ce Père, si prudent, n'eut pas de peine
à lui persuader qu'il était impossible d'admettre
Stanislas contre la volonté de sa famille. Craignant
avec le Provincial une persécution contre la Com-

pagnie en Pologne, si l'on passait outre, le cardinal ne jugea pas à propos d'insister davantage, et ne put ainsi donner à Stanislas la plus légère espérance.

Privé de tout secours humain pour accomplir les ordres du Ciel, le saint jeune homme était loin pourtant de renoncer à son projet. Les paroles de la sainte Vierge étaient toujours imprimées dans son cœur et soutenaient son courage. Pour témoigner à Dieu et à sa divine Mère qu'à tout prix il voulait leur obéir, il renouvela le vœu qu'il avait fait quelques mois auparavant d'entrer dans la Compagnie de Jésus. Il prit aussi l'engagement d'aller dans tous les collèges, dans toutes les provinces pour demander cette grâce jusqu'à ce qu'elle lui fût accordée, voyageant à pied et mendiant son pain, si cela devenait nécessaire, promettant enfin de ne retourner jamais dans sa patrie, de ne s'arrêter nulle part avant d'être reçu dans ce saint Ordre. Il fit ce vœu à Dieu dans la tranquillité de la prière, et non avec cette précipitation qui accompagne quelquefois les déterminations des jeunes gens légers.

Enfin Dieu mit sur le chemin de Stanislas l'homme

qui devait l'aider efficacement à exécuter son dessein. C'était le Père Antoine, un jésuite portugais,
venu d'Italie en Allemagne pour remplir les fonc-
tions de prédicateur auprès de l'impératrice Marie,
et pour dispenser aussi la divine parole aux Espa-
gnols et aux Italiens qui se trouvaient à Vienne.
Stanislas fit connaissance avec ce Père, l'entretint à
fond de sa vocation et de la disposition où il était
d'aller, s'il le fallait, jusqu'au bout du monde et de
souffrir tous les maux pour obtenir d'être reçu dans
la Compagnie.

Ayant entendu Stanislas plaider sa cause, et
voyant combien était juste sa demande; considérant
d'un autre côté que les refus du Provincial étaient
aussi légitimes; pensant, de plus, qu'il allait déses-
pérer d'obtenir jamais le consentement du sénateur
Kostka, le Père Antoine pesa longtemps en lui-
même toutes ces choses. Il remarquait que Stanislas
avait un caractère grave et réfléchi, que sa ferveur
n'était pas inconsidérée, qu'il avait un grand cœur
et que l'inconstance n'était pas à craindre chez lui.
Persuadé, finalement, qu'il vaut mieux obéir à Dieu
qu'aux hommes, loin de détourner Stanislas de son
dessein, il approuva la résolution où il était d'aller

chercher en un autre pays ce qu'il était certain de ne pouvoir trouver ici : « Si telle est votre résolution, lui dit-il, soyez-en certain, vous serez reçu par le Père Canisius, Provincial de la haute Allemagne, que vous trouverez à Augsbourg, ou par le Père François Borgia, général de la Compagnie, qui réside à Rome. Je vous donnerai une lettre pour chacun d'eux. »

Stanislas accueillit avec reconnaissance le conseil que lui donnait le Père Antoine, et l'assura de nouveau qu'il était prêt à tout souffrir pour atteindre son but tant désiré.

*
* *

Stanislas avait plus de douze cents milles (1) de chemin à parcourir pour aller à Rome, supposé qu'à Augsbourg le Père Canisius ne crût pas devoir l'admettre dans la Compagnie ; et c'est à pied qu'il lui

____

(1) Le mille vaut à peu près 1,489 mètres.

faudrait faire cette longue route. Dépourvu de
toutes ressources, il ne pouvait compter, pour vivre,
que sur les aumônes qu'il recevrait le long du chemin. Mais cela n'était pas de nature à le décourager.
Il ne lui répugnait nullement de se vêtir en pauvre
et de tendre la main aux passants, quoiqu'il appartînt à une noble famille, s'estimant trop heureux si,
au prix de tant de dangers, de tant d'infortunes, de
tant d'opprobres auxquels il allait être exposé, il
pouvait arriver au terme de ses désirs, c'est-à-dire
se consacrer au service de Dieu, obéir à la sainte
Vierge, vivre et mourir dans la Compagnie de
Jésus.

Stanislas épiait un moment favorable pour exécuter son héroïque dessein. Une foule de raisons
l'autorisaient à quitter son frère, dont il ne recevait
chaque jour que les plus indignes traitements. Mais
il voulait que celui-ci lui donnât quelque nouveau
motif sur lequel il pût s'appuyer pour prendre la
fuite. Accoutumé à se voir sans cesse tourmenté par
lui, il savait qu'il n'aurait pas à attendre bien longtemps.

Cependant il avait eu soin de se précautionner de
toutes les choses indispensables pour son voyage; il

avait acheté un vêtement de toile, un chapeau semblable à celui que portent les gens de la campagne, et tout ce qui constitue le costume d'un mendiant et d'un pauvre pèlerin.

Enfin l'occasion qu'il cherchait se présenta. A quelques jours de là, Paul, le rencontrant dans un appartement, se mit à lui dire mille injures. Il le prit aux cheveux, le traîna par terre, et le frappa à coups de pieds, selon sa barbare coutume. Stanislas se montra plein de douceur, et, tant que durèrent ces cruels traitements, il ne poussa pas le moindre soupir. Mais quand son frère l'eut laissé se relever, au lieu de se retirer sans rien dire, comme il faisait toujours, il feignit de paraître enfin las de la conduite de Paul. S'efforçant donc de donner à son visage un air ému, il lui dit : « Si vous ne cessez de me battre et de m'outrager comme vous le faites, je vous déclare et je vous avertis que vous me forcerez à me soustraire à un si dur esclavage, et que je saurai bien trouver le moyen de me rendre libre, à quelque prix que ce soit. Vous m'avez contraint à venir habiter ici ; je ne le voulais pas. Vous aurez à rendre compte de moi à notre père. »

Paul, qui depuis deux ans avait ainsi maltraité

son frère sans qu'il l'eût jamais vu donner le moindre signe d'émotion, fut surpris de l'entendre parler avec cette fermeté. Blessé dans son orgueil par des reproches qu'il ne sentait que trop mérités, il se livra aux plus grands transports de colère, éclata en paroles menaçantes et termina par ces mots : « Va te faire pendre si tu veux, je ne t'en empêcherai pas, car tu me débarrasseras bien ; pourvu que tu disparaisses de devant mes yeux, c'est tout ce que je demande. » Stanislas eut beaucoup de peine à cacher la joie que ces paroles lui causaient. Son frère, en des termes assez clairs, venait de lui donner son congé. Sans perdre un moment, il alla trouver le Père Antoine, pour l'informer de ce qui était arrivé, et pour s'entendre avec lui sur les dernières dispositions à prendre avant le départ. Il fut arrêté que, dès le lendemain matin, Stanislas se mettrait en route. Le Père lui dit en le quittant : « Demain, après la messe, vous viendrez me trouver, afin que je vous donne les deux lettres que je vous ai promises. »

Quand la nuit fut arrivée, Stanislas mit ordre à ses affaires, disposa tout pour le voyage, fit un paquet de ses habits de pauvre, puis alla commencer son oraison. Il reçut de Dieu les plus douces consolations, et ses larmes coulèrent toute la nuit. Il ne pouvait s'empêcher de pleurer en pensant qu'il se faisait pauvre pour l'amour de son Dieu, et qu'il n'allait plus avoir personne qui prendrait soin de lui, si ce n'est la Sainte Vierge. Dans la simplicité naïve de sa foi, il n'en revenait pas de se voir maintenant sur les bras de son Père, de sa Mère du ciel, n'ayant vraiment plus qu'eux seuls pour lui donner du pain et le soutenir dans sa faiblesse, et pour le défendre durant le long voyage qu'il allait entreprendre. Le jour le surprit fondant encore en larmes et s'entretenant doucement avec Dieu.

Stanislas voyant qu'il n'avait pas de temps à perdre, essuya ses yeux, se hâta de sortir de sa chambre, tandis que son frère et son gouverneur dormaient encore. Il appela Pacifici, un des domestiques, et lui dit d'un air gai et empressé : « Je vous prie d'avertir mon gouverneur et Paul, mon frère, que je ne serai pas à la maison pour le déjeuner : j'ai reçu pour aujourd'hui une invitation à laquelle la politesse m'oblige de me rendre. »

Sans attendre davantàge, il sortit et se dirigea vers la maison des Pères.

*   *
*

Stanislas assista d'abord au saint sacrifice de la messe et communia avec une ferveur admirable. Après son action de grâces, le saint jeune homme alla se mettre aux pieds du Père Antoine, pour lui demander sa bénédiction. Ce pieux religieux la lui donna avec une grande émotion, puis lui remit deux lettres, l'une pour le Père Canisius à Augsbourg, l'autre pour le Père François de Borgia à Rome. Alors, sans argent, sans pain, dépourvu de tout ce qui était nécessaire pour un si long voyage, Stanislas partit, plein de confiance en Dieu, vers le milieu du mois d'août de l'année 1567.

Quand il fut en dehors des portes de la ville, le saint jeune homme leva les yeux au ciel, et ses larmes ne tardèrent pas à couler ; son cœur pensait à Dieu ; il soupirait avec douceur. Bientôt, s'adressant à la sainte Vierge, il lui fit de nouveau le vœu par lequel il s'était déjà engagé à ne cesser jamais de voyager, de mendier, avant d'avoir obtenu qu'on l'admît dans la Compagnie, persuadé qu'il serait encore largement récompensé de ses peines, quand bien même on ne lui accorderait la grâce d'y entrer que pour mourir.

Lorsqu'il eut fait un peu de chemin, il se retourna pour voir si Vienne était déjà loin ; il l'aperçut encore, mais comme il lui tardait de prendre son costume de mendiant, il quitta la route et alla dans quelque endroit retiré se dépouiller de ses habits de seigneur, qu'il portait encore. Avec une joie presque enfantine, il se revêtit de sa tunique de toile, se fit une ceinture avec une corde, y attacha son chapelet, et se couvrit la tête du pauvre chapeau qu'il avait eu soin d'acheter. Le jeune seigneur avait de la peine à se reconnaître sous ces vêtements de malheureux, et sa joie était au comble. Il rencontra bientôt un pauvre et lui donna ses habits qu'il avait portés dans le monde, et dont il n'avait plus besoin désormais. Enfin ramassant un bâton, il se mit en route avec un courage et une allégresse admirables. Il savait qu'il n'avait pas de temps à perdre, que Paul ne tarderait pas à s'apercevoir de sa fuite ; il voulait avoir de l'avance, afin de n'être pas atteint par ce frère irrité si la pensée lui venait de se mettre à sa poursuite.

Aussitôt que Pacifici eut l'occasion de voir Paul, son jeune maître, il lui apprit que Stanislas était venu à lui de grand matin, revêtu de ses plus beaux habits, et qu'il lui avait dit d'un air joyeux : « Je m'en vais trouver plusieurs de mes amis qui m'ont invité. Vous prierez mon frère et mon gouverneur de se mettre à table sans moi, si je ne suis pas de retour à midi. »

Cette absence de Stanislas paraissait aussi étrange à Paul qu'à Bilinski ; jamais ils ne lui avaient vu prendre une telle liberté, ni accepter de pareilles invitations. Mais pour le moment, il ne leur vint pas à la pensée qu'il avait pris la fuite. Vers le soir cependant, l'inquiétude commença à s'emparer de leur esprit. Quand ils virent la nuit arriver sans que Stanislas parût, ils se mirent à supposer que quelque chose de grave devait le retenir. Bilinski ne savait à quoi attribuer ce retard. Connaissant la vie si régulière du saint jeune homme, il ne s'expliquait une absence si prolongée qu'en pensant qu'il lui était certainement arrivé quelque malheur. Pour Paul, qui se souvenait des paroles que Stanislas lui avait dites la veille, il commençait à soupçonner que son frère pouvait bien avoir quitté réellement la maison, pour aller demeurer ailleurs où il ne serait plus tourmenté. A mesure que les heures s'écoulaient, il était confirmé davantage dans cette pensée.

Il est facile de s'imaginer quelle désolation et quel trouble une chose aussi extraordinaire répandait dans toute la maison. Les domestiques qu'on avait envoyés dans les endroits où l'on croyait qu'il pouvait être, revenaient les uns après les autres, sans avoir pu trouver quelqu'un qui leur donnât la moindre nouvelle de Stanislas. On était allé chez les Pères Jésuites, et personne n'avait su dire ce qu'il était devenu.

Paul, ne se contentant pas de ce que les domestiques lui rapportaient, voulut s'assurer des choses par lui-même, et se présenta au collège tout en colère, demandant à entrer afin de visiter les appartements, parce qu'il avait l'assurance que son frère y était caché. On lui répondit avec douceur que

Stanislas n'était pas dans la maison ; qu'il n'était même plus à Vienne à cette heure, mais qu'on croyait qu'il avait secrètement quitté la ville. Paul vit alors, d'une manière bien claire, que son frère lui avait parlé sérieusement quand il lui avait dit qu'il s'en irait.

La désolation commença donc à l'accabler, en pensant que son père n'allait pas manquer de faire retomber sur lui tout le mal qui arriverait à cet enfant. Il se représentait vivement les reproches que ce père lui ferait, quand il viendrait à savoir que Stanislas, perdu à jamais pour lui, n'a pris la fuite que pour échapper à la méchanceté de son frère, aimant mieux demander la charité et être sans asile que de rester plus longtemps exposé à ses mauvais traitements.

Agité de ces craintes, il rentre à la maison et dit à Bilinski que Stanislas n'est point chez les Pères, qu'il a dû s'échapper, et qu'il n'y a plus qu'un moyen à prendre, c'est de se mettre sur ses traces et de le ramener au plus vite. Ils vont tous deux trouver le sénateur Kimberker et lui exposent l'embarras dans lequel ils se trouvent. Leur hôte ignorait comme eux la direction qu'il fallait prendre pour atteindre le petit fugitif. Sur quelle route s'était-il aventuré ? On savait bien que tout seul, sans ressources, il n'avait pas pu encore aller bien loin ; mais, avant tout, il fallait être renseigné sur le chemin qu'il avait pris. On finit par apprendre qu'il allait à Augsbourg. Paul et Bilinski arrêtèrent ensemble que, le lendemain matin, dès qu'il ferait jour, ils prendraient une voiture et deux bons chevaux, et s'empresseraient d'aller à sa recherche.

*
* *

Avant que le soleil eût paru, Paul et Bilinski qui avaient passé la nuit en proie à une grande inquiétude, étaient déjà en voiture avec leur valet de chambre et le sénateur Kimberker qui voulait les accompagner. Pacifici resta pour garder la maison. Les chevaux marchaient avec rapidité, mais ils n'allaient pas encore aussi vite que les voyageurs l'auraient désiré, tant ils avaient hâte d'atteindre le saint enfant.

Pendant ce temps-là, Stanislas se livrait tranquillement à l'oraison dans le réduit qu'on lui avait abandonné pour passer la nuit. Voyant le jour venir, il interrompit ses saintes prières et pensa à reprendre sa route. Il remercia, avant de s'en aller, l'homme charitable qui avait bien voulu le recevoir dans un coin de sa maison, et partit sans prendre aucune nourriture, espérant trouver bientôt quelque église où il pourrait recevoir la sainte communion.

Après avoir passé la matinée à réciter à la sainte Vierge, avec une suavité incomparable, toutes les oraisons qu'il savait en son honneur, vers midi, tandis qu'il méditait sur le *Salve Regina,* sa prière de prédilection, Stanislas entendit un bruit de voitures ; des chevaux couraient à perte d'haleine derrière lui. Il retourne la tête, et dans le lointain il reconnaît son frère qui se penchait sur les chevaux et les faisait marcher à toute bride. Levant aussitôt les yeux vers le ciel, Stanislas invoque la sainte Vierge avec un regard si suppliant et si plein de confiance, qu'il sent aussitôt descendre dans son âme un calme inaltérable. Il continuait donc tranquillement son chemin, ne voyant autour de lui aucun bois où il lui fût possible de se cacher. Seulement, sentant la voiture approcher, il cherchait à se détourner, afin de ne pas se trouver sur la route quand elle allait passer. Il aperçut bientôt un sentier qui conduisait dans la campagne et s'y engagea, volant plus qu'il ne marchait, afin que son frère ne pût voir son visage. Une pieuse tradition raconte que, quand il eut fait quelques pas dans ce sentier, il rencontra un torrent qui semblait devoir lui fermer le passage. Stanislas ne se laisse pas déconcerter, mais s'avance tranquillement dans l'eau, qui s'affermit sous ses pieds ; de sorte que, sans être mouillé, il gagne l'autre rive et continue son chemin.

Cependant son frère et ceux qui allaient à sa poursuite avaient remarqué un petit pauvre qui marchait seul sur la route. Ils avaient d'abord fait peu attention à lui. Ils l'avaient bien vu fuir ensuite à pas précipités dans la campagne ; mais la pensée ne leur était pas venue en ce moment que ce pouvait être Stanislas. Quand ils l'eurent devancé, ils se demandèrent entre eux si vraiment ce n'était pas lui. C'était bien sa taille, sa démarche; il paraissait se hâter, comme quelqu'un qui est poursuivi et qui cherche à se dérober aux regards. Ne trouvant pas hors de vraisemblance que Stanislas se fût imaginé, pour être mieux caché, de s'habiller en mendiant, ils tombèrent d'accord que le petit .pauvre auprès duquel ils venaient de passer n'était personne autre que lui.

Ils firent donc promptement retourner les chevaux sur leurs pas, et les conduisirent du côté du pont jeté sur le torrent que Stanislas venait de traverser à pied sec. Ils étaient en vue du saint jeune homme et n'avaient plus que quelques pas à faire pour l'atteindre, quand soudain les chevaux qui avaient montré jusqu'ici tant de vigueur s'arrêtent et refusent d'aller en avant. Tous ceux qui étaient dans la voiture se mettent à les presser et à les accabler de coups de fouet. Les chevaux s'efforcent d'avancer, la sueur coule sur leur corps, et leur bouche est couverte d'écume; ils ne peuvent faire un seul pas. Le cocher leur parle, les flatte, puis s'emporte contre eux et contre lui-même, se livre à toutes sortes d'imprécations; il les bat, il les pousse : les chevaux restent immobiles. Enfin, les bras lui tombent de fatigue et d'étonnement et, tout stupéfait, il abandonne les rênes et s'écrie : « Il y a quelque puissance invisible qui retient ces chevaux et les empêche d'avancer. Ils ne sont point fatigués et ils pourraient certainement fournir le double du chemin qu'ils ont déjà parcouru. » On en eut bientôt la preuve. Les chevaux ayant été dirigés du côté de Vienne, on les vit aussitôt prendre leur galop avec une vigueur nouvelle, et ils furent rendus en très peu de temps à la ville.

Paul Kostka racontant plus tard son impression disait : « Je n'aurais jamais voulu faire un seul pas de plus pour atteindre Stanislas et pour l'arrêter dans sa fuite, tant je fus persuadé en ce moment que Dieu l'appelait à la Compagnie de Jésus ; et quand même j'eusse été certain de le prendre, je ne l'aurais pas essayé, tant j'avais peur que Dieu n'intervînt encore pour défendre son enfant bien-aimé, et n'opérât quelque nouveau prodige où peut-être j'aurais enfin trouvé le châtiment que méritent ceux qui ne craignent point de s'opposer à son adorable volonté. »

***

Cependant Stanislas avait mis dans le secret de sa
fuite un jeune Hongrois de ses amis, et l'avait
chargé de venir, le lendemain de son départ, trouver Bilinski et l'informer de tout.

Bilinski accueillit l'ami de Stanislas les larmes
aux yeux. Alors le jeune Hongrois lui demanda s'il
n'avait pas vu un livre d'évangiles placé à dessein
par Stanislas en un endroit facile à découvrir, et
dans ce livre une lettre où étaient exposés les motifs
qui l'avaient déterminé à fuir. Bilinski chercha un
instant, et trouva la lettre qu'il lut attentivement.
Stanislas disait à ses parents que, Dieu l'appelant
à son service dans la Compagnie de Jésus, il était
obligé de quitter Vienne pour obéir aux ordres du
Ciel; et il poursuivait en ces termes : « Si vous
m'aimez, ainsi que votre cœur vous y porte naturellement, vous ne devez pas me voir avec peine

prendre ce parti, ni me reprocher de ce que je fais tout ce qui est en moi pour atteindre un bien si grand, qu'il me serait impossible de vous en souhaiter un qui surpasse celui-là. Si je me suis cru obligé de prendre la fuite en secret ne pensez pas que je l'aie fait pour fouler sous mes pieds la piété filiale et l'obéissance. Vous ne pouvez pas nier, sans doute, que si vous aviez connu à l'avance mes désirs, vous vous seriez opposés de tout votre pouvoir à leur exécution. J'étais persuadé de cela, et j'ai voulu enlever à vous et à moi la possibilité de désobéir à Dieu. La seule chose que vous puissiez m'objecter, c'est d'avoir mieux aimé plaire au Seigneur qu'à vous. La raison et la piété m'en faisaient un devoir; de sorte que, si vous êtes chrétiens, vous ne pouvez pas vous opposer à la volonté de Dieu, et si vous voulez être justes envers moi, vous ne pouvez pas m'en vouloir. » En terminant, Stanislas priait Bilinski de remettre cette lettre à son frère, afin que celui-ci voulût bien l'envoyer en Pologne à ses parents.

Bilinski se hâta de communiquer la lettre au frère de Stanislas, et tous deux s'entendirent sur la

manière dont ils allaient faire part de ce grave évé-
nement au sénateur Kostka.

Cependant on ne parlait à Vienne que du départ
de Stanislas. On savait que son frère, allant après
lui pour le rejoindre et pour le ramener à la maison, avait été arrêté par un prodige. Personne
d'ailleurs n'était surpris de voir ce jeune homme,
vénéré par tous comme un saint, embrasser la vie
religieuse et se consacrer tout entier au service du
Seigneur. On connaissait sa vie mortifiée ; on savait
de quels héroïques sacrifices son amour pour Dieu
le rendait capable, et on n'ignorait pas combien il
avait de dégoût pour le monde. On avait vu reluire,
en quelque sorte dans toutes ses œuvres, sa chère
maxime : « Je ne veux pas m'occuper des choses de
la terre, puisque je ne suis pas né pour elles. Je suis
né pour les choses du ciel ; à celles-ci seulement je
veux donner tous mes soins. » Et ainsi tout le monde
comprenait sa conduite et l'admirait.

Le sénateur Kostka ne tarda pas à recevoir la
lettre de son fils, que Bilinski lui avait envoyée en
Pologne, au château de Kostkow. A quelques jours
de là, une autre lettre lui fut remise, elle était de
Paul Kostka. Ce jeune homme racontait à son père
que Stanislas s'était enfui à l'insu de tout le monde ;
qu'aussitôt qu'on s'était aperçu de la chose, on
avait pris une voiture pour le poursuivre en toute
hâte ; qu'on l'avait atteint, qu'on avait même passé
près de lui ; mais qu'habillé en pauvre et couvert de
haillons, il n'avait pas été reconnu d'abord ; qu'on
avait fini par s'imaginer qu'il pouvait être caché
sous ce déguisement ; qu'on avait à cause de cela,
fait revenir les chevaux sur leurs pas, mais qu'étant
près de l'atteindre les chevaux avaient été retenus
par une force cachée, et que rien n'avait pu les
faire avancer davantage. Paul ajoutait qu'en cela

il ne pouvait s'empêcher de voir un prodige par lequel Dieu se déclarait en faveur de son frère et approuvait son dessein. Enfin, dans cette lettre, il s'efforçait de montrer à son père qu'il n'avait rien à se reprocher à l'égard de Stanislas, et qu'il avait fait tout ce qui avait dépendu de lui pour le conserver à son amour.

Le luthérien Kimberker écrivit aussi dans le même sens au sénateur. Bilinski qui se sentait le plus responsable de tous, ne manqua pas d'écrire de son côté. Pacifici, le vieux domestique de confiance qui avait été donné aux deux jeunes gens à leur départ de Kostkow, fit aussi une lettre.

Le sénateur Kostka, recevant ces lettres les unes après les autres, ne pouvait revenir de son étonnement. Ce qui lui parut le plus clair, c'est que son fils était pour lui perdu. Quant aux prodiges dont on lui parlait, il n'y voulut pas croire, et regarda tout cela comme des inventions faites par ceux qui, se sentant coupables de n'avoir pas veillé sur Stanislas et de se l'être laissé ravir, éprouvaient le besoin de se disculper à ses yeux d'une pareille négligence.

On ne saurait dire combien grande fut la tristesse de ce vieillard. Blessé profondément dans son cœur par la perte d'un fils qu'il aimait si tendrement, il pensait, en outre, au déshonneur qu'une pareille chose allait causer à sa famille. Quelle honte pour lui, quand on viendrait à savoir que son fils avait foulé aux pieds la gloire de sa maison, et errait comme un vagabond, sans feu ni lieu, avec des haillons sur le corps, demandant son pain aux portes, dans l'Allemagne et dans l'Italie, disposé à traîner ainsi dans la boue, à travers le monde entier, le blason de sa noble famille ! Il se figurait voir tous ceux qui passaient le montrer au doigt et dire : « Ce pauvre est de la famille Kostka. »

Et bientôt à ces craintes de l'orgueil se mêlaient les alarmes de la tendresse paternelle. Il pleurait amèrement sur cet enfant perdu, abandonné sur les grands chemins, sans pain, sans chaussures, sans demeure, exposé à tous les dangers, lui qu'il avait élevé avec tant de soins. Le souvenir de tout ce qu'il avait fait pour lui dans son enfance, la sollicitude dont il l'avait toujours entouré, ne souffrant jamais que rien lui manquât, l'amitié dont le saint enfant le payait de retour, et ces choses du cœur qui viennent d'elles-mêmes se présenter à la pensée quand a disparu l'objet de tant d'amour, tout enfin contribuait à accabler le sénateur de tristesse.

Il rejetait sans doute une partie de son malheur sur l'incurie de ceux auxquels il avait confié Stanislas, mais il pensait aussi que les jésuites surtout en étaient la cause. C'est donc sur eux qu'il fit tomber toute sa colère. Il se plaignit hautement de ce que ces religieux avaient osé enlever un enfant à son père et à sa famille ; il les accusa de cruauté, disant qu'il fallait être dépourvu de tout sentiment d'humanité pour faire aller à pied, du fond de la Pologne jusqu'à Rome, un jeune homme si frêle, si délicat, ne lui donnant aucune ressource, mais le laissant, comme un vil esclave, chercher son pain et recevoir l'aumône de ceux à qui sa misère ferait pitié.

Cependant Stanislas qui n'avait cessé de poursuivre sa route avec ardeur arriva enfin à Augsbourg. Il alla tout de suite à la maison des jésuites demander le Père Canisius. On lui dit que ce Père était absent. Nullement ému de ce contretemps, il s'enquit avec douceur s'il devait bientôt revenir et en quel endroit il était allé. On lui répondit qu'il était à Dilinghem. Cette ville n'est éloignée d'Augsbourg que d'une journée de chemin.

Malgré sa fatigue, Stanislas ne balança pas un instant, et se mit de nouveau en route avec un courage étonnant. Parti à midi il marcha jusqu'au soir. Après avoir donné quelques heures au sommeil, il se livra à l'oraison, selon sa coutume, et quand le jour fut venu, il reprit son chemin heureux de pouvoir se dire que la nuit n'arriverait pas avant qu'il eût vu le Provincial. Soupirant toujours après le pain des anges, sa divine Eucharistie, qu'il aimait d'un amour indicible, il ne mangea point le morceau de pain qu'on lui avait donné, dans l'espérance de rencontrer bientôt sur son chemin quelque église. Ses yeux attentifs cherchaient à en découvrir une dans la campagne.

Au bout de quelque temps, il aperçut enfin un village. Ne se sentant plus de joie, il redouble de vitesse et arrive bientôt près de l'église, où entrait une foule de paysans qui paraissaient se rendre à la sainte messe. Le pieux jeune homme se hâta d'entrer aussi et se mit à genoux avec son recueillement accoutumé. Mais quand il eut fait quelques prières, regardant tout à coup autour de lui, il s'aperçut qu'il était dans un temple de luthériens. Ce fut une grande déception pour Stanislas, qui croyait trouver là le sacrement de son amour et pouvoir s'asseoir à la table des anges. Il versa des larmes de regret.

Mais, outre cette douleur d'être privé de la communion, le saint jeune homme éprouvait une peine peut-être plus sensible encore. Dans l'âme des saints, il y a un si grand amour pour l'Église, ce noble amour est quelque chose d'inné en eux, et de si fortement enraciné, qu'ils sont blessés jusqu'au fond de leur cœur, quand ils ont sous les yeux le plus petit spectacle de désobéissance à celle qu'ils reconnaissent pour leur mère. Ce qui affligeait Stanislas au plus haut point, c'était donc de voir entre les mains des hérétiques un lieu consacré au culte de l'Église romaine. Toutefois, Dieu ne voulut pas laisser couler plus longtemps les larmes de son enfant ; il daigna encore une fois prendre la peine de les essuyer lui-même.

Si les hérétiques s'étaient attaqués au Dieu de miséricorde qui habite la terre, caché à l'autel, sous les voiles eucharistiques, et s'ils l'avaient mis hors de son temple, ils n'avaient pas pu atteindre le Dieu qui règne dans les cieux, ni lui ôter la puissance de faire du bien à ceux qui sont dans l'affliction, Voici donc ce qui arriva. Pendant que Stanislas pleurait et était inconsolable à la vue des outrages que les hérétiques font à Dieu, et de la noire ingratitude dont ils se rendent coupables en reniant l'Église leur mère, une troupe d'anges lui apparut : lui seul les vit. Ces anges avaient une telle beauté, qu'il était impossible de ne pas les prendre pour des personnages du paradis. Et ces esprits célestes accompagnaient un autre ange plus majestueux qu'eux tous, et plus brillant. Rangés en cercle autour de lui, ils se tenaient dans l'attitude de l'adoration. C'est que cet ange si radieux tenait entre ses mains une sainte hostie. Tout à coup, l'ange qui portait la divine Eucharistie quitta son imposant cortège, fit quelques pas en avant, alla à Stanislas, et lui donna

L'ange qui portait la divine eucharistie fit quelques pas en
avant et lui donna la communion (page 118).

la communion. Et tous les anges remontèrent au ciel, laissant le bienheureux enfant sur la terre avec son Dieu.

Stanislas se releva, inondé de consolations ineffables, et, fortifié par ce pain céleste, il reprit sa route, disposé plus que jamais à parcourir le monde entier, si cela était le bon plaisir de Dieu.

En quelques heures il arriva à Dilinghem.

La première chose que fit Stanislas en entrant dans la ville fut de se rendre au collège des jésuites, afin de voir le Père Canisius. Il eut le bonheur d'être aussitôt introduit auprès de lui.

Ce Provincial était vraiment un homme de Dieu. Il s'était acquis une grande réputation par ses nombreuses victoires remportées sur les hérétiques, et avait bien mérité de la religion catholique. On le saluait partout du nom d'apôtre de l'Allemagne. Quand il vit le pieux jeune homme se mettre à genoux à ses pieds, avec une modestie et une humilité très touchantes, avant de savoir qui il était, le Père Canisius lut sur son front ce qu'il y avait de grandeur et d'innocence dans son âme, et comprit que Dieu devait avoir pour lui un amour de prédilection.

Mais quand il eut ouvert la lettre du Père Antoine que Stanislas lui remit, et qu'il eut connu à quelle famille noble il appartenait, combien ses vertus étaient admirables et de quelle estime il jouissait à Vienne, le Provincial éprouva une grande joie spirituelle. Il embrassa Stanislas avec effusion et le tint longtemps serré sur son cœur. Il le fit ensuite parler, et ne tarda pas à être convaincu que le saint jeune homme était doué de qualités encore plus grandes que celles dont le Père Antoine l'entretenait dans sa lettre. Stanislas, en effet, avec cette aimable candeur qui accompagne toujours l'humilité, lui découvrit toute sa conscience, lui parla de sa vocation à la Compagnie de Jésus, et l'assura que la sainte Vierge était venue du ciel pour lui dire d'entrer dans ce saint Ordre. Il lui apprit toutes les démarches qu'il avait déjà faites pour obéir à la

Mère de Dieu. Enfin, il le pria, par le Cœur sacré de Jésus-Christ, et par l'amour de la très sainte Vierge Marie, de lui accorder la consolation de l'admettre dans la Compagnie ; et bientôt, l'émotion le gagnant, les sanglots rendirent ce qu'il disait incompréhensible et finirent par l'interrompre tout à fait, de sorte que le cœur le plus dur qui l'aurait vu et entendu alors n'aurait pas pu y tenir.

Canisius fut ému. Plein d'admiration pour le saint jeune homme, il le pressa de nouveau contre son cœur, le consola et lui fit espérer que bientôt la faveur après laquelle il soupirait avec tant d'ardeur lui serait accordée.

Le Père Canisius avait une grande prudence ; il savait que pour se rendre bien compte de la valeur des hommes et pour discerner ce dont ils sont capables, il est nécessaire de les mettre quelque temps à l'épreuve. Il n'ignorait pas que les jeunes gens quelquefois, entreprenant avec courage des choses qui sont au-dessus de leurs forces manquent ensuite de constance pour les exécuter, et qu'ainsi, après avoir brisé les liens qui les attachaient à leur famille et vaincu les plus grands obstacles, il leur devient impossible de supporter la vie de sacrifices et de renoncement qu'on mène dans les maisons religieuses.

Ce vénérable Provincial voulut donc faire passer Stanislas par l'épreuve, afin de bien voir surtout ce qu'il y avait d'humilité dans son âme, et de s'assurer à quelle profondeur la grande vertu chrétienne par excellence y était enracinée.

Il y avait à Dilinghem un collège dirigé par la Compagnie, où les jeunes gens des plus grandes familles se trouvaient réunis. Le Père Canisius eut la pensée d'envoyer là Stanislas, afin qu'il y passât quelque temps en qualité de domestique. Son office devait être d'aider à la cuisine les autres serviteurs qui préparaient les repas de la communauté.

Il fit la proposition à Stanislas, qui l'accueillit tout de suite avec empressement. Ce saint jeune homme éprouvait un grand contentement de s'abaisser ainsi pour plaire à Dieu et pour imiter Jésus-Christ en quelque manière dans son incompréhensible humilité. Dès le lendemain, il fit donc son service d'aide de cuisine. On assure qu'il accomplissait avec un cœur admirable les devoirs de sa nouvelle position. C'était un plaisir de voir la manière

dont il s'y prenait. Il y allait avec une si grande
bonne volonté, qu'on aurait cru qu'il n'avait fait que
cela toute sa vie.

Stanislas devint bientôt un objet d'admiration
pour tous les jeunes gens du collège. La première
fois qu'il était venu les servir à table, il s'était présenté avec un extérieur si humble, il avait offert les
choses qu'on lui demandait avec un air si doux, il
avait montré une intelligence et une attention si
délicates à tous les signes qui lui étaient faits ; et
puis, sans le vouloir, ne pouvant pas se dépouiller
de ses manières distinguées, il avait accompagné le
moindre de ses mouvements de tant de grâce et de
modestie, qu'il avait tout de suite attiré sur lui l'attention de tout le monde.

On ne fut pas longtemps sans soupçonner que le
petit domestique devait être autre chose. Il suffisait,
en effet, de voir cette figure angélique, pour se
sentir porté à la vénération et pour être assuré que
ce vêtement de serviteur couvrait quelque grand
saint ou même quelque ange venu du ciel. Comme
les jeunes gens savent toujours si bien s'informer
des choses, qu'ils parviennent à les connaître, ils
finirent donc par apprendre que Stanislas apparte-

nait à une famille distinguée, qu'il les servait volontairement, et qu'il faisait cela dans l'espoir d'entrer dans la Compagnie de Jésus. Leur admiration fut au comble quand ils découvrirent ce prodigieux mystère d'humilité. Ils trouvaient si belle une pareille conduite, qu'ils ne savaient comment exprimer leur étonnement. Ce qui les mettait hors d'eux-mêmes, c'était ce voyage si long qu'il venait de faire à pied, en mendiant, après avoir renoncé aux avantages de son rang, se trouvant plus heureux dans l'humiliation que dans les beaux châteaux de son père. Touchés par un si grand exemple, ces jeunes gens commencèrent à vivre d'une manière plus chrétienne, et plusieurs d'entre eux, témoins de sa conduite toute céleste, voulurent quitter le monde et se faire religieux.

*_**

Trois semaines s'étaient déjà écoulées depuis l'entrée de Stanislas dans le collège de Dilinghem.

Le Père Canisius jugea que l'épreuve avait été assez longue, et appela auprès de lui le saint jeune homme. Ayant décidé de l'envoyer à Rome, il lui annonça sa résolution : « Il vous reste à faire une bien longue route, mon enfant, et vous aurez de grandes fatigues à endurer ; mais j'ai pensé que cet éloignement vous mettrait à l'abri des persécutions de votre famille. Deux jeunes frères de notre Compagnie vont faire ce voyage ; vous les accompagnerez. Le Père général François de Borgia vous recevra. »

Stanislas n'eut aucune répugnance à suivre cet avis ; disposé à tout entreprendre, il ne redoutait aucune souffrance. Il remercia donc avec effusion le Père Canisius. Ce vénérable Provincial ne voulant pas le laisser partir avec les vêtements si pauvres qu'il avait apportés de Vienne et qu'il avait usés dans la route, lui en fit donner de meilleurs, et s'empressa d'écrire une lettre au Père général, pour lui recommander les trois jeunes gens qu'il lui envoyait. Voici la partie de la lettre qui concerne Stanislas :

« Le troisième que nous vous envoyons est Stanislas, jeune polonais, aussi distingué par sa naissance et ses vertus que par son ardeur pour l'étude. Nos Pères de Vienne n'ont pas osé l'admettre dans leur noviciat, de peur d'irriter sa famille. Il vint à nous avec l'intention de satisfaire le désir qu'il avait depuis longtemps d'entrer dans la Compagnie (car, avant que nous l'eussions accueilli, il s'était déjà pleinement attaché à notre Société, et cela depuis plusieurs années). A Dilinghem il a été éprouvé quelque temps parmi nos frères ; on l'a toujours trouvé fidèle à ses emplois et ferme dans sa vocation. Cependant il souhaitait vivement être envoyé à Rome, pour s'éloigner davantage des siens, dont il redoute la persécution, et faire de plus grands progrès dans la vertu. Jamais, jusqu'ici, il n'a vécu parmi nos novices ; mais il pourra être présenté à ceux de Rome comme un modèle parfait des vertus de leur état. Nous fondons sur lui les plus manifiques espérances. Votre paternité ne sera pas fâchée, je l'espère, de le voir venir à elle sans un ordre de sa part ; mais l'occasion se présentait d'elle-même, et le jeune postulant d'ailleurs, qui jamais n'a été complètement admis parmi nous, avait manifesté le désir qu'il en fût ainsi. »

Stanislas, voyant le moment du départ arrivé, alla

trouver le Père Provincial, et s'efforça de lui témoigner combien il était sensible à toutes les bontés dont il l'avait comblé. On ne saurait dire l'affection pieuse que Canisius montra alors à ce cher enfant. Ils se jetèrent dans les bras l'un de l'autre, et pleurèrent longtemps ensemble, se parlant plus avec le cœur qu'avec les lèvres.

A la fin de septembre, Stanislas se mit donc en route pour se rendre à Rome à pied, accompagné des deux jeunes religieux dont nous avons parlé, et le 25 octobre de l'année 1567, tous trois arrivèrent dans la capitale du monde chrétien. Stanislas, durant les deux mois et demi qui venaient de s'écouler depuis son départ de Vienne, avait fait à pied plus de 465 lieues.

Il se présenta aussitôt à la maison professe. Le général de la Compagnie, François de Borgia, ayant lu la lettre du Père Canisius, reçut Stanislas avec bonté. L'émotion le saisit quand il vit le saint jeune homme à ses pieds, couvert de vêtements si pauvres, lui demandant avec une modestie et une humilité d'ange, en versant des larmes, la faveur d'être reçu dans la Compagnie. Il sentit naître dans son cœur une affection singulière pour Sta-

nislas ; et pensant à l'innocence angélique et à la
grande vertu de ce tout jeune homme, à peine âgé
de dix-huit ans, peu s'en fallut qu'il ne se couvrît
la figure de ses deux mains, par la confusion qu'il
avait de se trouver, comme cela est coutume des
saints, si dépourvu de vertus, quoique déjà avancé
en âge.

Le vénérable supérieur général se hâta de faire
relever Stanislas, et, avec la tendresse d'un père,
il le pressa contre sa poitrine, bénissant la divine
Bonté de ce qu'elle daignait faire un présent si précieux à la Compagnie. Il voulut connaître jusque
dans les plus petits détails la manière dont Dieu
l'avait porté à choisir ce saint Ordre, et comment
la sainte Vierge était intervenue en cette affaire ; il
se fit rendre compte de toutes les peines qu'il avait
endurées pour exécuter l'adorable volonté de Dieu,
de toutes les fatigues d'un si long voyage, et des
faveurs dont le Ciel l'avait favorisé. Il apprit avec
attendrissement que des anges lui avaient apporté
deux fois la sainte communion. Voyant Dieu clairement dans cette vocation, et persuadé que le saint
jeune homme, malgré tout ce qu'il avait souffert
jusqu'ici, était disposé à endurer des maux plus

grands encore, si cela était nécessaire pour arriver au terme de ses désirs, il ne pensa pas qu'il fallût différer plus longtemps de lui accorder cette faveur. Deux jours après son arrivée, il lui ouvrit donc la porte du noviciat, et Stanislas prit l'habit le 28 octobre, jour de la fête de saint Simon et de saint Jude.

On peut se faire une idée de la joie du pieux jeune homme quand il se vit revêtu de l'humble habit de novice. Il regarda ce vêtement sacré comme lui étant donné par les mains de la sainte Vierge. En rappelant à sa mémoire combien il avait soupiré pour l'avoir, toutes les pénitences auxquelles il s'était livré pour mériter d'en être revêtu, le long voyage qu'il venait de faire, à peine s'il pouvait croire qu'il le possédait enfin. Il se disait à lui-même : « Cette maison où je suis est bien la sainte maison de Dieu ; c'est le port assuré contre la tem-

pête ; c'est l'antichambre du Paradis. Et cet habit
que je porte, c'est bien l'habit de la Compagnie,
vêtement plus précieux que toute la pourpre dont
les hommes pourraient me décorer. Oh! quelle
grande bonté de mon Dieu ! Oh! quel grand amour
la sainte Vierge me témoigne ! Comment pourrai-je
jamais répondre à tant de grâces ! »

Ainsi parlait Stanislas dans sa joie. Il passa de
la sorte plusieurs jours presque continuellement
ravi en Dieu. Toutefois il pensa à faire autre chose
que pleurer de bonheur ; il voulut s'appliquer de
tout son pouvoir à se rendre un digne fils de saint
Ignace ; et, pour cela, il se proposa de recommencer une nouvelle vie.

Rien n'était plus capable de l'aider dans cette
résolution que les *Exercices spirituels* de saint
Ignace. Il est d'usage, on le sait, de les donner à
ceux qui entrent dans la maison de probation. Ins-
piré de Dieu, le grand fondateur de la Compagnie
de Jésus a déposé dans son admirable livre des
Exercices un esprit qui enfante la sainteté, presque
nécessairement, dans l'âme de celui qui se montre
docile à la grâce. On sait que saint François de

Sales disait de ce livre : « Il a sauvé plus d'âmes qu'il ne contient de lettres. » Il est facile de concevoir comme cette semence divine fructifia dans le cœur de Stanislas.

Claude Aquaviva fut chargé de donner les *Exercices spirituels* à Stanislas. Quoique novice encore, ce saint homme était très versé dans les choses de Dieu.

Le Père Aquaviva s'aperçut bientôt des merveilleuses dispositions de son jeune disciple. En lui proposant les divers sujets d'oraison, il voyait que Stanislas s'enflammait d'amour; que son visage devenait radieux, et que de ses yeux coulaient des torrents de larmes. A la moindre parole qu'il lui disait, cet enfant ne pouvait maîtriser son émotion ; et puis, quand il lui faisait rendre compte des vérités célestes qui venaient de lui être expliquées, il l'entendait parler de ces choses avec un langage si relevé et si angélique, qu'il devinait, sans peine, que Stanislas avait un autre maître, et que le Saint-Esprit lui enseignait toutes choses par la suave onction de sa grâce. Ce vénérable Père se couvrait le visage à cause de la grande confusion où cela mettait son humilité, disant souvent qu'il fallait changer les rôles ; que Stanislas devrait être son maître, et lui le disciple de Stanislas.

Une des choses que le pieux jeune homme, à son entrée au noviciat, fit avec le plus d'empressement, ce fut de copier de sa propre main les règles de la Compagnie. On les lui avait données à lire et à méditer, comme cela se pratique toujours. Stanislas se livra à cette étude avec le plus pieux amour, vénérant, comme quelque chose qui lui venait du Ciel, chacune des prescriptions de son admirable Père, et promettant de faire consister tout son bonheur à y obéir fidèlement.

C'est pourquoi, ayant pris par écrit ces saintes règles, il avait la dévotion de les porter continuellement sur son cœur, se donnant par là à lui-même la consolation de pouvoir se dire qu'il ne vivait que pour elles, et qu'il voulait les suivre le plus parfaitement possible jusqu'à la mort.

Pendant que Stanislas ne pensait qu'à croître de jour en jour dans l'amour de Dieu, en Pologne, son vieux père mettait tout en œuvre pour le faire revenir et l'arracher à la paix dont il jouissait au sein de la Compagnie de Jésus. Depuis le jour où Paul et Bilinski l'avaient informé du départ furtif de son fils, le sénateur n'avait goûté de repos ni le jour ni la nuit, avait pris toutes les informations possibles afin de savoir où était allé Stanislas. On ne pouvait pas facilement le renseigner sur le chemin que le jeune homme avait tenu, et spécialement sur l'endroit où il s'était arrêté, parce qu'il avait passé quelque temps à Dilinghem, et qu'il avait fait son voyage avec un costume capable de le dérober aux plus minutieuses recherches. Cependant le sénateur avait fini par apprendre qu'il était à Rome. Aussitôt il avait eu hâte de lui écrire une lettre pleine de reproches et de menaces. Cette lettre fut enfin remise au maître des novices. Il y était dit :

« Par votre légèreté, vous avez déshonoré ma maison; vous avez fait honte et mis une tache à toute l'illustre race des Kostka. Vous avez osé courir l'Allemagne et l'Italie comme un petit mendiant. Si vous persévérez dans cette folie, ne mettez pas les pieds en Pologne, car je vous trouverai partout, et, au lieu des chaînes d'or que je vous préparais, vous aurez des chaînes de fer, et vous serez jeté là où vous ne verrez jamais le soleil. »

Cette lettre ne contenait rien qui sentît l'amour paternel. Soit que le sénateur l'eût faite dans le premier mouvement de sa colère, soit qu'il l'eût écrite dans le but d'effrayer Stanislas et de le porter à renoncer à son dessein, il n'y mit aucune parole où le pauvre enfant pût reconnaître la tendresse d'un père qui parle à son fils bien-aimé. Le maître des novices, après avoir pris connaissance de cette lettre, n'hésita pas à la remettre entre les mains de Stanislas : il savait combien Dieu avait donné de force à son cœur, et jugeait qu'elle ne lui ferait aucune impression fâcheuse.

Quand le saint jeune homme eut lu seulement les

premiers mots, les larmes coulèrent de ses yeux ; son âme, éclairée d'en haut, avait un sentiment si haut des choses de Dieu, qu'il ne pouvait revenir de son étonnement en pensant à l'aveuglement de son père. Il pleurait à chaudes larmes de le voir méconnaître à ce point le grand honneur que Dieu lui faisait en lui demandant un de ses fils ; il ne pouvait se consoler de ce que son père prenait pour une infamie une telle faveur, comme si la maison de Kostka pouvait trouver une gloire plus belle que celle d'avoir un de ses membres à la cour du Roi des cieux. Quant aux menaces elles ne l'émurent pas. Il se contenta de montrer à Dieu combien il souffrait dans son cœur de voir, que ce père si tendrement chéri, ne comprenait pas que les choses du Ciel l'emportent sur celles de la terre, et s'opiniâtrait à se croire déshonoré quand le Seigneur lui prenait un enfant pour en faire son serviteur.

Le supérieur engagea Stanislas à répondre au sénateur Kostka. Plein d'obéissance, et l'âme toujours dans un calme parfait, l'angélique jeune homme se mit à réfléchir devant Dieu sur ce qu'il aurait à dire dans sa lettre. Après avoir imploré les lumières du Saint-Esprit, il commença ainsi : « Je ne vois pas, seigneur mon père, que vous ayez lieu de vous chagriner de ce que Dieu a daigné me mettre au nombre de ses serviteurs. Cela devrait plutôt être pour vous le sujet d'une grande joie. N'est-ce pas, dites-le moi, un incomparable bonheur pour un père que d'avoir son fils à la cour du Roi céleste, d'autant plus que Dieu ne demande à ce père ni démarches ni argent pour recevoir son fils, ce qui n'a pas lieu quand il s'agit de faire entrer quelqu'un dans la cour d'un souverain de la terre ? Je ne suis pas digne de souffrir quelque chose pour mon Seigneur Jésus ; mais si Celui qui a tant souffert pour nous daignait m'accorder cette faveur, il n'y aurait rien de plus heureux ni de plus doux pour moi. Ainsi, ce dont vous me menacez, seigneur mon père, je le désire moi-même. Sachez donc que je me suis consacré à la divine Majesté et que, tant que je vivrai, je veux la servir en pauvreté, chasteté et obéissance, et lui garderai une fidélité qu'aucune mort ou misère ne pourront m'ôter ; et, à cet effet, je suis prêt à tout souffrir. Vous feriez mieux, seigneur mon père, si de vos propres mains vous me donniez à Dieu et si vous le priiez qu'il me fortifie dans cette vocation et dans cette grâce inappré-

ciable qui me fasse persévérer jusqu'à la fin. C'est
une chose vaine et nuisible de m'empêcher de servir Dieu et de vous élever contre le Seigneur; si je
persévère dans la bonne entreprise, ce sera salutaire
pour nous deux. »

Malgré les beaux sentiments dont elle était remplie, cette lettre ne parvint pas à adoucir le sénateur; cependant on ne peut douter que les paroles
de Stanislas entrèrent au fond de son cœur et le
remplirent d'un attendrissement dont il ne put se
défendre. Quand le temps de la miséricorde fut
venu pour lui, elles l'aidèrent sans doute à comprendre avec quel amour Dieu avait traité son
enfant, et quelle gloire il lui préparait. Mais, en ce
moment, ce père affligé ne fit que s'irriter davantage contre le saint jeune homme, et se promit
d'employer tous les moyens pour le ramener au plus
tôt en Pologne.

Quelque temps après que Stanislas eut écrit cette
lettre à son père, il reçut la visite de Nicolas Lassocki, chanoine de Cracovie, qui était venu de
Prusse à Rome. La conversation tomba naturellement sur le sénateur Kostka. « Quelle peine éprouve
votre père, lui dit-il; mais cela n'est rien auprès

des menaces qu'il a proférées devant moi contre la Compagnie de Jésus. » Stanislas l'écouta quelques instants, puis, saisi par l'émotion il l'interrompit tout à coup et s'écria en mettant la main sur son cœur : « Oh ! Monsieur, que mon père parlerait différemment, s'il savait quel bien Dieu me fait en m'appelant à la Compagnie de Jésus ! Je me trouve plus content avec ma pauvreté que si je possédais toutes les richesses du monde. Mon père est bien ingrat envers Dieu, lui qui, ayant reçu de sa bonté plusieurs enfants, refuse de lui en donner un qu'il demande. Surtout, comment peut-il, étant chrétien, se persuader que c'est un déshonneur pour sa maison d'avoir un fils au service du grand Monarque du ciel !... » Nicolas Lassocki se sentit touché par ces paroles, qui respiraient je ne sais quoi de divin. Il en fut si frappé, qu'il en conserva toujours le plus doux souvenir, et qu'il aimait raconter cette scène attendrissante où Dieu lui avait fait la grâce de voir de près la sagesse surnaturelle qui remplissait l'âme de ce saint jeune homme.

* *

Il n'y avait qu'une voix dans le noviciat pour proclamer la sainteté de Stanislas. On le regardait comme une âme extraordinairement chérie de Dieu. On voyait si clairement que le Saint-Esprit faisait ses délices d'habiter en lui, et qu'il mettait ses plus douces complaisances à le combler de la plénitude de ses dons, que déjà on disait de lui ce que dit plus tard le pape Urbain VIII : « C'est un petit jeune homme, mais c'est un grand saint. »

Les supérieurs avaient coutume de le proposer à tout le monde comme le plus beau modèle qu'on pût imiter. Les Pères aussi bien que les novices trouvaient en lui les choses les plus capables de les porter à la vertu et à l'amour de Dieu ; de sorte que le maître des novices disait souvent que si quelqu'un s'appliquait à reproduire en lui-même tout ce qu'il voyait en Stanislas, il aurait bientôt atteint un très haut degré de sainteté.

Au reste, on remarquait une grande simplicité dans tout l'ensemble de sa conduite : il ne faisait rien qui fût en dehors de la vie commune; mais je ne sais quelle impression de grâce ornait ses actions les plus ordinaires, de sorte qu'aucune ne passait inaperçue et ne manquait de frapper beaucoup tout le monde.

Ce cachet de sainteté imprimé sur les moindres choses que faisait Stanislas au noviciat, est encore un des plus grands souvenirs qu'on a conservés du Bienheureux. Tous ceux qui l'ont vu disent, en effet, qu'une grâce céleste l'accompagnait en toutes circonstances, et mettait en relief, à son insu, les plus indifférentes actions. Dans les procès de canonisation, on trouve une foule de dépositions à ce sujet. Elles établissent évidemment l'impossibilité de donner une idée complète de la sainteté qui éclatait dans la moindre chose qu'il faisait. Un grand nombre de témoins oculaires, après avoir constaté ce fait si étonnant, essayent d'expliquer en quoi pouvait consister le charme particulier qui distinguait si merveilleusement chacune des actions de Stanislas, et ils apportent une foule de comparaisons. La plus simple et la plus frappante que nous ayons trouvée est celle d'un ange qui viendrait sur la terre sous une forme humaine. En cet ange descendu des cieux assurément il apparaîtrait aussitôt quelque chose qui révèlerait sa condition. Il se ferait remarquer, ce semble, en faisant la plus simple prière, et il trahirait, dans l'action la plus indifférente, la céleste distinction de sa nature. Ainsi en dut-il être de Stanislas, qui avait tant de la nature angélique.

Celui donc qui le voyait prier ou s'entretenir avec les autres en récréation, ou se livrer à une occupation quelconque, remarquait qu'il avait en chacune de ces choses une manière de faire, une grâce surnaturelle, un genre tout à fait à lui qu'on ne voyait point dans les autres et qui donnait à penser que cet enfant tenait réellement plus de l'ange que de l'homme. Et Stanislas était ainsi sans le vouloir ; il faisait tout cela avec une candeur, un naturel, une ingénuité qui montraient visiblement qu'il était né avec ces manières célestes, s'il nous est permis de parler de la sorte, et qu'il ne dépendait pas de lui d'empêcher l'éclat de son âme angélique de percer au dehors et de distinguer ainsi la plus petite de ses actions.

Il n'échappera, sans doute, à personne combien est relevée et admirable une telle perfection reluisant jusque dans les moindres actes de la vie commune. Par sa docilité aux inspirations du Saint-Esprit, Stanislas avait le mérite de cette perfection dans laquelle nous n'hésitons pas de faire consister la plus grande partie de sa sainteté et de son héroïsme. Assurément, la foi nous le montre plus beau et plus sublime dans ces actions ordinaires, accomplies avec tant de ferveur, que quand nous le voyons recevoir la communion des mains d'un ange, ou quand la sainte Vierge dépose dans ses bras l'enfant Jésus.

* * *

Stanislas retrouva en religion toutes les saintes pratiques de la mortification dont il avait usé avec tant de consolation dans le monde. Discipline, chaînes de fer, cilices, tous ces instruments, cruels pour la nature, ont pour les saints quelque chose

de si délicieux! Les austérités sont douces pour
eux, qui mettent si haut dans leur estime la céleste
pureté de leur corps et de leur âme, et qui savent
bien que ce n'est qu'en entourant leur chair de ces
épines qu'ils peuvent conserver le beau lis intact,
comme ils veulent l'avoir. La chair virginale de
Stanislas n'eût pas pu s'accoutumer à n'être plus
flagellée. Il reprit donc toutes ces pratiques avec
grande joie.

Les mortifications intérieures de l'âme étaient
celles qu'il recherchait avec le plus d'empressement.
Au réfectoire, il éprouvait un contentement indicible, quand on lui permettait de prendre son repas
à genoux, sur une petite table bien basse, ou
encore, de manger du pain sec et de boire de l'eau,
assis par terre. Ces humiliations si belles sont
d'usage et dans les maisons de probation et dans
toutes les autres de la Compagnie. Stanislas, avec
son âme de saint, sentait tout ce qu'il y a de tou-
chant et de profondément chrétien dans ces pratiques où on se propose d'honorer les humiliations
du Fils de Dieu. Grande et sublime pensée que
celle-là! pensée trop haute pour que le monde soit
à sa portée et l'entende, mais qui, grâce au Ciel, est

pourtant comprise des âmes dépouillées de l'esprit du monde, et c'est le solide et l'éternel honneur des ordres religieux.

Comme il y a plus d'une manière de s'exercer à l'humilité, Stanislas n'en négligeait aucune. Il ne voulait, pour se vêtir, que les habits les plus pauvres. Privé dans le monde de cette consolation à cause des bienséances que son rang l'obligeait à garder, il eut à cœur de se dédommager en religion. Tout ce qu'il y avait de plus usé, il le demandait avec des instances si vives, qu'on aurait cru qu'il s'agissait pour lui d'une grâce de premier ordre à ses yeux.

On ne saurait se figurer tout ce qu'il faisait pour arriver à être oublié, méprisé, et à être regardé comme rien. Il ne parlait presque jamais de lui, ou, s'il le faisait, c'était en des termes qui montraient combien il avait une idée basse de sa personne. Les novices en étaient grandement édifiés ; ils ne connaissaient pas, disaient-ils, un plus incorrigible calomniateur de lui-même que Stanislas. Plusieurs avaient de la peine à s'expliquer comment il pouvait parler de la sorte et se dire aussi méchant qu'il le faisait sans blesser la vérité. Mais on sait que les saints ont tous ce sublime défaut de s'exagérer à eux-mêmes leurs plus petites imperfections, ou plutôt nous aimons mieux dire, en prenant leur esprit, qu'une lumière céleste, plus brillante que celle qui éclaire nos faibles yeux, leur montre, dans ce que nous prenons pour de petites taches, de véritables désordres; et puis, enfin, les saints se regardent eux-mêmes, non pas tant pour voir ce qu'ils sont, que pour voir ce qu'ils devraient être, avec les grâces qui tombent sur leur âme en si grande abondance; et comme ils découvrent bien vite qu'ils sont encore loin d'être ce qu'ils devraient, ils se tiennent pour des ingrats envers la Bonté divine, et n'éprouvent pour eux-mêmes qu'un immense mépris, tandis que les autres n'ont sous les yeux que leur éminente sainteté.

Stanislas se mettait donc, en esprit, aux pieds de tous.

Il aurait voulu prendre sur lui tous les travaux les plus pénibles et les plus humiliants, afin d'en décharger les novices.

Après cela, inutile de dire qu'il évitait avec le plus grand soin de proférer la moindre parole qui pût, même de loin, tourner à sa louange ou à celle de ses ancêtres. Quand on parlait avec lui, ou seulement en sa présence, de la noblesse de la maison dont il était sorti, il se mettait à rougir, et s'efforçait d'amener la conversation sur un autre sujet. Quelquefois il n'était pas assez heureux pour réussir ; alors il coupait tout court, en disant : « Ah ! il n'y a pas de noblesse de sang qui mérite notre estime, si ce n'est celle qui nous vient du sang de notre divin Rédempteur, et mille fois heureux celui dont les sentiments sont à la hauteur de cette divine noblesse, et qui comprend que ce serait descendre de son rang et se déplacer d'une manière déplorable, que de donner son amour aux choses de la terre, quand l'adoption divine nous a rendus les héritiers du ciel. »

Il ajoutait qu'il ne regardait pas comme riche celui qui avait ses biens en dehors de lui, et qui ne pouvait les emporter dans l'autre vie, où la pauvreté est surtout à craindre ; que celui-là seul lui paraissait riche qui portait dans son âme sa fortune, comme sont les trésors de vertu ; car c'est avec ces choses qu'on peut acheter la félicité éternelle.

Au reste, les actions de Stanislas étaient parfaitement d'accord avec les pensées qu'il exprimait sur toutes ces choses, et respiraient le plus suave parfum d'humilité. Voici un fait qui le prouve bien.

Tandis qu'il était au Collège romain, employé au service de la cuisine, le cardinal Jean-François Commendon vint le voir. Ce prince de l'Église voulait le féliciter de ce qu'enfin il avait pu entrer dans la Compagnie. On se rappelle qu'il s'était occupé de Stanislas et l'avait recommandé au Père recteur de Vienne, sans néanmoins avoir pu obtenir son admission. Le saint novice ne s'attendait pas à cette visite. Quand on lui annonça le cardinal, il se réjouit beaucoup d'aller le recevoir avec son costume de frère cuisinier. Il avait ses manches retroussées, un méchant petit justaucorps, tel qu'on en porte quand on est employé à ce service. En se présentant de la sorte, il espérait se faire mépriser, et racheter par l'humiliation l'honneur que pouvait lui faire la visite d'un prince de l'Église. Il voulait aussi montrer qu'il estimait plus la dernière place dans la maison de Dieu que toute la noblesse de la terre. Les Pères trouvèrent ses raisons excellentes, mais ils crurent qu'il valait mieux, en cette cir-

constance, tenir compte de la dignité du cardinal
que de l'humilité du novice, et lui commandèrent
de prendre des vêtements plus convenables pour se
présenter devant lui.

Mortifié, humble comme ceux d'entre les saints
qui le furent le plus, Stanislas était d'une obéissance admirable. Après l'avoir vu copier avec tant
d'amour les règles de la Compagnie, il est facile de
penser qu'il mettait ses délices à les observer avec
fidélité. C'est la plus douce consolation de la vie
religieuse. Il les accomplissait avec une telle perfection, que tous ceux qui vécurent avec lui disent
qu'il n'en transgressa jamais une volontairement.

Un jour, il avait été donné comme aide au cuisinier avec le Père Aquaviva. Le frère cuisinier
leur commanda à tous deux d'aller chercher du
bois, leur déterminant la quantité qu'ils devaient
porter. Il sembla au Père Aquaviva que le bon frère
avait voulu ménager leurs forces, et que vraiment
les quelques morceaux de bois désignés par lui
étaient un trop petit fardeau sur leurs bras. Il voulut donc en prendre davantage. Mais Stanislas se
mit à sourire doucement; et, avec un air respectueux et aimable, il s'excusa, disant : « Oh !

pourquoi voudrions-nous perdre le mérite de l'obéissance ? le frère cuisinier nous a marqué le nombre des morceaux de bois qu'il faut emporter, n'en prenons pas davantage ». Claude Aquaviva se rendit aussitôt à ses raisons, laissa plusieurs morceaux de bois qu'il avait déjà chargés sur ses bras, se condamnant lui-même pour l'interprétation qu'il avait faite, et convenant avec Stanislas que rien n'est beau dans l'obéissance comme la simplicité.

On disait communément que, s'il plaisait à Dieu de glorifier par des miracles la perfection de l'obéissance, c'était par Stanislas qu'il devrait accomplir ces prodiges ou par nul autre. Aussi ses supérieurs le trouvaient docile et soumis à ravir jusque dans les choses où son cœur l'eût si facilement porté à blesser un peu cette vertu. Ainsi, pour ses pénitences, pour ses oraisons, il se laissait régler comme un enfant, et n'allait jamais plus loin qu'on le lui permettait ; au moins il faisait bien ce qu'il pouvait. Mais, pour la prière, il n'était pas toujours le maître d'empêcher Dieu de venir à son âme, de la combler de ses plus douces faveurs, et d'allumer dans son cœur ce feu mystérieux qui va, ainsi que nous le verrons bientôt, menacer de compromettre sa vie. Mais il s'appliquait avec une grande simplicité à modérer ces ardeurs, et se trouvait heureux quand, pour obéir, il avait pu éloigner un peu Dieu de son âme.

*
* *

Stanislas, au noviciat, redoubla de piété envers la sainte Vierge sa divine mère. Ayant reçu d'elle le commandement d'entrer dans la Compagnie et tout le secours dont il avait eu besoin afin d'y être admis, il éprouvait dans son cœur si bien né et si généreux un immense besoin de se montrer reconnaissant pour tant de grâces. Il sentait si vivement qu'il devait tout à sa bonté ! Aussi son nom, son souvenir faisaient toujours sur lui une impression indicible. Il n'était pas plutôt question d'elle, que les pleurs lui venaient aux yeux. Son beau cantique du *Salve Regina* avait toujours pour lui une grande douceur. En l'entendant chanter à l'église , le

céleste petit exilé continuait d'éprouver, comme à
Vienne, ces sublimes défaillances qui se terminaient
par des extases et des ravissements.

Il ne sortait jamais de sa chambre et ne commençait aucune action sans demander à sa mère
chérie qu'elle daignât le bénir avec sa douce main
du haut du ciel, et qu'elle lui inspirât en même
temps la manière de plaire davantage à son divin
Fils. Et pour cela il se tournait vers les églises et les
endroits où il savait qu'on vénère quelque image de
la sainte Vierge ; cela lui était facile, parce qu'à
Rome ces images sont très nombreuses, il n'y a pas
de rue où on n'en trouve plusieurs avec une petite
lampe allumée devant chacune d'elles.

Le soir avant de se coucher, et le matin en se
levant, il se mettait à genoux, le visage tourné du
côté de Sainte-Marie-Majeure ; il inclinait son front
jusque par terre pour recevoir sa bénédiction, et
pour se mettre entre ses bras maternels durant le
jour ou durant la nuit. Cette pratique que sa piété
lui inspirait, a été suivie depuis par les autres
novices, et jusqu'au jour où la violence a fermé le
noviciat de Saint-André, elle y a été conservée avec
amour en souvenir de Stanislas, et pour avoir le

bonheur de saluer, comme lui, la divine Vierge Marie de loin dans son beau sanctuaire de Sainte-Marie-à-la-Crèche.

Au milieu des occupations les plus distrayantes, le cœur de Stanislas qui ne vivait, pour ainsi dire, que de l'amour de la sainte Vierge, savait bien l'invoquer par de pieuses inspirations et par des oraisons jaculatoires pleines de dévotion. En récitant son office, son rosaire, ou quelque autre prière en son honneur, il était plongé dans un tel recueillement, son air respirait une humilité si grande et une confiance si pleine de tendresse, son cœur était vraiment si bien sur ses lèvres, qu'il portait à la dévotion tous ceux qui le voyaient. Ainsi à genoux auprès de sa mère, il frappait beaucoup tout le monde par cette manière suave et pleine de foi avec laquelle il la priait : on aurait dit qu'il l'avait véritablement devant lui et la voyait.

Dans tout le noviciat, on savait qu'il y avait entre la sainte Vierge et Stanislas des relations si douces, que la divine Marie l'aimait vraiment comme son fils, et que le pieux jeune homme la chérissait comme sa mère. « O ma chère mère, lui disait-il

souvent, en poussant des soupirs, je ne sais pas
m'expliquer ; mais vous, vous n'ignorez point comment mon cœur est à votre égard ». On admirait la
confiance qu'il avait en elle et l'abandon avec
lequel il se reposait sur la tendresse de son amour
pour toutes les choses dont il pouvait avoir besoin.
Persuadé qu'il n'est pas nécessaire d'employer
beaucoup de paroles, pour se faire comprendre
d'elle et la gagner, il lui disait avec une candeur
ravissante : « Ma chère mère, j'ai besoin de vous
en ce moment ». Stanislas croyait inutile de lui
indiquer davantage les choses qu'il lui demandait,
parce qu'il sentait immédiatement ce qu'il voulait
lui dire, deviné par elle. Avec une indicible bonté,
elle arrêtait sa prière sur ses lèvres, en l'exauçant
sur le champ. On ne conçoit guère, au reste, qu'il
en eût pu être autrement ; car on voyait que le
saint jeune homme était si heureux de l'invoquer,
il faisait cela avec une telle certitude d'obtenir
l'objet de sa demande qu'on saisit sans peine qu'il
en eût trop coûté à la Mère de miséricorde de lui
refuser quoi que ce fût.

Aussi on disait que celui qui voulait obtenir

quelque grâce de la sainte Vierge, n'avait qu'à aller trouver Stanislas, qu'à lui remettre sa requête, le priant de vouloir bien l'offrir à la Reine des anges. On était assuré qu'en faveur de son enfant privilégié elle ne manquerait pas d'accueillir la prière et de l'exaucer.

* *

Stanislas en religion pratiqua le plus pieux recueillement. On remarquait une grande modestie dans son visage, dans son regard et dans tout ce qu'il faisait. C'était cette même figure angélique qu'on lui avait vue dans son enfance, mais avec quelque chose de plus doux encore et de plus pur. « Un certain coloris céleste y rayonnait, nous dit le Père Skarga ; c'était, pour ainsi dire, la lumière de sa pureté qui éclatait et embaumait, comme d'un air céleste, ceux qui approchaient de lui, leur inspirant l'amour de la vertu. Personne ne le voyait jamais triste ni préoccupé, mais avec un visage gai et gracieux. Son âme, imbue des délices d'une sainte conversation avec les cieux, faisait fleurir ses années plus que son âge ne le comportait ; car, sans désemparer un instant, son âme se tenait constamment en Dieu. »

A quelque moment de la journée que ce fût, on le trouvait avec un air aussi pieux que s'il sortait de l'oraison ou que s'il venait de s'asseoir à la table des anges. Ce parfum de dévotion qu'on emporte dans son âme après avoir reçu la divine Eucharistie, cette joie ineffable qui brille alors dans la figure, ne dure pas longtemps pour nous, mais disparaît bientôt au milieu des distractions de la vie. Stanislas paraissait toujours sous le coup de cette impression divine. Aussi, il était difficile aux frères qui passaient auprès de lui ou qui l'apercevaient de loin de ne pas le prendre pour quelque vision céleste.

Cependant tout cela n'était rien en comparaison des choses admirables qui apparaissaient en lui, quand il se mettait à genoux aux heures consacrées à l'oraison. Alors son visage s'enflammait, et le feu de l'amour de Dieu, qui brûlait dans son cœur, le rendait tout radieux. C'est pourquoi les novices cherchaient à se mettre à côté de lui en ce moment, afin de le voir. Ils trouvaient pour leur âme une consolation sensible en regardant de temps en temps cet ange, et leur oraison se faisait avec plus de facilité. Souvent Stanislas leur apparut tout entouré de rayons lumineux ; perdu alors dans une délicieuse extase, il ne s'apercevait pas de la splendeur céleste dont il éclairait la chambre ; mais ses frères, témoins de tant de merveilleuses choses, se sentaient portés à mieux servir Dieu.

Il avouait que, pour trouver le Seigneur, il n'avait qu'à se présenter devant lui. Son cœur, sans avoir besoin de s'éclairer par la méditation, goûtait aussitôt sa présence. Pour Stanislas, aborder Dieu et s'unir à lui, se perdre en lui était une seule et même chose. Quant aux distractions, il n'en avait pas. Sa pensée et son cœur n'étaient bien que dans la prière. Tout ce qui nous distrait et enlève notre esprit à Dieu, quand nous lui parlons, n'avait aucun intérêt pour Stanislas ; sa nature presque angélique l'avait mis au-dessus de ces misères dont les saints même se plaignent, et qui les désolent tant, parce que, avec la foi vive qu'ils ont dans leur âme, ils souffrent de ne pouvoir pas retenir leur esprit fixé au milieu des choses célestes, qu'ils reconnaissent pourtant mériter seules leur amour.

On ne saura jamais tout ce que Dieu fit d'admirable dans l'âme de Stanislas, durant le temps du noviciat, en se communiquant à lui dans les saintes entrevues de la prière. Toutes les lumières qui l'entouraient alors et l'éclat céleste qui s'échappait de lui, font assez comprendre que le Seigneur paraît n'avoir eu rien de trop beau ni de trop grand, dans le trésor de ses miséricordes, pour son enfant bien-aimé.

Il lui arrivait, à la suite de son oraison, des choses vraiment extraordinaires, qui prouvaient bien que l'aimable saint succombait sous le poids des faveurs divines. Un matin, le supérieur le trouva dans le jardin du noviciat ; c'était à une heure où on n'a pas l'habitude d'aller au jardin. Il faisait froid et un vent violent soufflait. Surpris, le supérieur lui demanda pourquoi il était là à un pareil moment, exposé à un froid glacial. L'humble jeune homme, à cette question, se sentit couvert de confusion ;

encore transporté par son grand amour pour Dieu,
il lui répondit avec un air de candeur et d'innocence : « C'est parce que, tout à l'heure, lorsque
j'allais terminer mon oraison, j'ai senti s'allumer
dans mon cœur un feu si ardent, que je n'ai pas pu
supporter la violence de cette flamme qui me brûlait, et j'ai été obligé de chercher en plein air un
peu de rafraîchissement. »

Une autre fois, il se vit saisi d'un transport
d'amour de Dieu si excessif, qu'il fut en danger de
mourir. Il était tombé en défaillance et ne pouvait
plus respirer. On accourut autour de lui, on ouvrit
son vêtement, et on lui ôta tout ce qu'il avait sur
la poitrine. On s'aperçut que sa poitrine était si
brûlante, qu'on crut devoir prendre des linges
mouillés et les appliquer dessus, afin de la refroidir.

Stanislas était si fréquemment pris par ces
défaillances et ces embrasements d'amour de Dieu
que les supérieurs finirent par avoir des craintes
sérieuses que cela ne le fît mourir un jour. Ils don-
nèrent l'ordre à trois Pères, dont l'un avait été mé-
decin à Padoue, d'avoir toujours les yeux sur le
saint jeune homme, afin d'être prêts à le soulager,
quand ces effets extraordinaires de la divine charité

se manifesteraient, et d'empêcher que son cœur n'éclatât. Ils voulurent aussi lui retrancher une grande partie du temps qu'il passait à l'oraison, parce que, quand Dieu l'avait quelques instants seulement avec lui, il l'inondait de sa grâce avec une telle plénitude, et le tenait dans un tel ravissement, que Stanislas ne pouvait plus se contenir. Ils appréhendaient, en voyant son cœur s'enflammer avec tant de force, qu'un moment ne vînt où on se trouverait dans l'impossibilité d'arrêter les progrès du mal divin de l'amour de Dieu dont cette âme était atteinte.

⁎
⁎ ⁎

A mesure que Stanislas était plus uni à Dieu, la grande amabilité que nous l'avons déjà vu puiser dans la piété devenait plus ravissante. Quoique continuellement absorbé en Dieu, il ne paraissait aucunement austère. Ainsi les grâces angéliques de sa figure et l'air de fête qui éclatait dans tous ses

traits attiraient toujours doucement à lui. Jamais,
avons-nous dit, il ne perdait cette suavité de visage.
Rien d'inégal en lui; on le trouvait toujours semblable à lui-même. Cela est une chose bien rare,
qu'on ne rencontre que dans les saints, parce que,
pour se tenir toujours dans une telle tranquillité
d'âme, qui fait qu'aucun nuage de tristesse ou
qu'aucun mouvement d'humeur n'altère le visage et
ne répand dans la vie, à certains moments, quelque
chose de sombre ou de moins radieux, il faut avoir
bien pris le dessus sur les choses de la terre, et
vivre depuis longtemps par le cœur dans les cieux.
Tel était cependant Stanislas, en toute circonstance
et en toute rencontre. Rien de plus modeste, rien
de plus suave que lui; ne riant jamais qu'avec douceur et sans bruit, mais aussi très facile à faire sourire de cette manière digne et simple qui respire
l'amabilité et la condescendance.

Il avait, on le sait, un jugement rare et un esprit
très droit. Intelligent et plein de prudence, il ne
laissait jamais échapper de ses lèvres rien d'incon-
sidéré. La grâce avait ajouté je ne sais quel fini
admirable à tous ces dons naturels; de sorte que
chacune de ses paroles était remplie d'une sagesse

céleste. Instruit par le Saint-Esprit des choses de
Dieu, quand il se mettait à en parler, même des
plus hautes, il le faisait avec une sublime simplicité.
On voyait qu'il connaissait à fond cette divine
science ; et comme elle était plus encore dans son
cœur que dans son intelligence, sa parole avait un
accent qui touchait, et tout embaumée de piété et
d'amour de Dieu, elle allait au plus intime de
l'âme. On admirait comme Stanislas se possédait
quand il parlait de ces choses. Sentant à chaque
instant les larmes lui venir aux yeux, il savait doucement contenir l'invincible émotion qui s'emparait de lui au souvenir de Dieu. C'est ce qui le rendait plus intéressant encore. Au reste, il ne faut pas
s'imaginer que le saint jeune homme tenait seul la
conversation ; s'il se fût senti écouté quelques instants seulement, sa modestie aurait pris l'alarme.
Mais les novices amenaient à dessein le discours
sur un sujet qu'ils savaient capable de lui faire
impression, et ils le mettaient ainsi à même de
placer, au milieu des autres, quelques-unes de ces
paroles comme il en savait dire, et qui portaient à
Dieu avec tant de suavité.

Stanislas se surpassait lui-même, quand il parlait du grand bien que procure la vie religieuse. Sa vie au milieu du monde avait été toute céleste, et le surnom d'ange lui avait été donné quand il était dans le siècle. Dieu, vraiment, s'était montré alors bien bon à son égard. Il avait, en quelque sorte, changé pour lui la terre en paradis, ou au moins il lui avait envoyé de ses anges pour le consoler ; la sainte Vierge en personne était venue vers lui ; il avait été favorisé au point de recevoir les caresses de l'enfant Jésus et de pouvoir lui-même le couvrir de ses baisers. Et cependant Stanislas, comparant cette vie toute miraculeuse avec celle qu'il menait dans la Compagnie, n'hésitait pas à dire que la première était de nulle valeur auprès de la seconde, que c'était une vie pleine de misères, tandis que la vie religieuse était pour lui le paradis. Il ne pouvait penser sans un saint frémissement, ni sans verser d'abondantes larmes, au danger qu'il avait couru de perdre ce bien incomparable, en différant pendant six mois de parler à son père spirituel de sa vocation.

Il disait souvent en parlant de la Compagnie : « Tous les biens me sont venus avec elle. » « Que c'est un grand bonheur, l'entendait-on s'écrier encore, que c'est un grand bonheur d'être tout à Dieu, d'être à lui par une donation perpétuelle, irrévocable de tout soi-même ! Oh ! s'il y a de la félicité sur la terre, elle est là ! En retour Dieu est à moi ! Comme cela est grand ! Oh ! n'est-ce pas la douceur des douceurs ? Vraiment, une telle vie convient plutôt aux habitants du ciel qu'aux pauvres exilés qui gémissent dans cette vallée de larmes. »

« Sans doute, aimait-il à répéter, dans le siècle on peut donner beaucoup à Dieu ; mais celui qui donne beaucoup à Dieu dans le siècle ne se donne pas lui-même, et demeure son maître. »

Outre cette grâce inimitable avec laquelle il parlait toujours de Dieu et de tout ce qui tient à son saint service ; outre cette onction céleste qui était visiblement un don de la divine Bonté, Stanislas avait tout ce que l'on peut désirer pour plaire dans la conversation. Une gaieté très douce animait ce qu'il disait, et, quoique toujours digne et rempli de je ne sais quelle majesté qu'on aurait dite empruntée aux anges, il ne craignait pas quelquefois de paraître enjoué dans les innocents délassements de la récréation. Il avait souvent des réparties très aimables.

Un jour, le supérieur lui adressa cette question :

« Frère Stanislas, quelles provisions feriez-vous si
on vous commandait de vous préparer à partir pour
les Indes? » Il répondit à l'instant et sans hésiter :
« Mon Père, je tâcherais de me pourvoir d'un bon
chapeau de patience, d'un manteau bien doublé
d'amour de Dieu, pour n'avoir pas froid, et d'une
forte paire de souliers de mortification, et je parti-
rais aussitôt. »

Quoique Stanislas excellât en amabilité dans les
conversations, cependant pour le trouver lui-même
et pour lui voir répandre toute son âme, pour le
mettre enfin sur son terrain et dans son élément, il
fallait qu'on lui parlât de la sainte Vierge. Impossible
à lui de maîtriser les mouvements de tendresse surnaturelle qui se faisaient sentir à son cœur, quand
il venait à être question d'elle. C'était, au reste,
une chose si connue que, quand on voulait s'exciter
à la dévotion envers la sainte Vierge, on allait le
trouver. Combien de fois, non seulement les novices,
mais les Pères mêmes, le recherchèrent pour l'entretenir sur ce sujet ! Il possédait dans la perfection
tout ce qu'il est possible de connaître sur les grandeurs de la Mère de Dieu, parce que, aussitôt qu'il

avait su lire, il s'était mis à parcourir tous les livres les plus pieux et les plus beaux qui parlaient de la sainte Vierge. Dans la maison paternelle, puis à Vienne, il ne fit presque pas autre chose que d'étudier les prérogatives de la Reine des anges. Après sa mort, on a trouvé des cahiers où il prenait des notes sur ses lectures, et où il écrivait aussi les lumières surnaturelles dont Dieu daignait l'éclairer pour compléter et perfectionner sa chère science. On conçoit ainsi qu'il ait acquis les plus admirables connaissances sur la dignité et l'excellence de sa divine mère. Avec la piété qu'on lui connaît pour elle, on peut juger de quelle manière il en savait parler. Ceux qui l'ont entendu disent que pour exprimer ce qu'il pensait d'elle ou de quelqu'une de ses grandeurs ou de ses prérogatives, il ne se servait pas des termes qu'on emploie ordinairement, et qu'il avait pour cela un langage à lui, comme s'il eût trouvé que les mots du langage usuel ne traduisaient pas assez fidèlement la grande idée qu'il en avait ; et encore souvent il s'arrêtait, comme quelqu'un qui cherche une expression pour rendre sa pensée et qui ne la trouve pas, sans causer pourtant de l'ennui à ceux qui l'écoutaient ; car les larmes alors venaient à son secours, et achevaient la phrase commencée, disant, à leur manière, que la divine Marie était, pour l'intelligence de cet enfant, un insondable abîme de perfections, comme elle était pour son cœur l'objet d'un inexprimable amour.

Il avait donc formé de nouveaux mots, inventé de nouveaux titres, créé des expressions de toute beauté, pour célébrer sa grandeur. Au-dessus des trônes et de la gloire que la piété se plaît à lui donner, il avait imaginé d'autres trônes plus beaux et une gloire plus éclatante, où son cœur pût la contempler avec plus de bonheur, ayant comme un besoin de la savoir bien grande, et se réjouissant, comme il est impossible de le dire, à la pensée qu'elle vient la première après Dieu. Mais, encore une fois, ces idées lui étaient si familières, son âme s'en était nourrie dès son enfance avec tant d'amour, qu'il les exprimait sans effort, avec un naturel admirable, comme on dit enfin les choses qu'on aime le plus.

* *

Stanislas utilisait surtout ses pieuses connaissances et le rare talent qu'il avait d'intéresser par ses récits, quand il voyait la conversation se porter sur des sujets profanes. C'était selon lui trop triste de penser à la terre et aux vanités de ce misérable monde, tandis qu'il y a tant de belles choses à dire sur Dieu. Le pieux jeune homme faisait alors violence à son humilité et essayait de ramener le discours sur des choses plus élevées et plus édifiantes.

Stanislas était au neuvième mois de son noviciat, quand il reçut une seconde lettre de sa famille. Le sénateur Kostka n'avait pu lire sans attendrissement les lignes que Stanislas lui avaient adressées. La fermeté de langage du saint jeune homme l'avait surpris, et peu à peu sa colère s'était apaisée pour faire place à une douleur plus tranquille, qui n'était pourtant pas encore de la résignation. Il avait chargé Paul d'écrire de nouveau à ce fils qu'il pleurait avec des larmes si amères. Paul s'était rendu avec empressement aux désirs de son père, et c'est cette lettre qui fut alors remise entre les mains de Stanislas. Paul lui représentait tout le chagrin qu'il causait à sa famille ; il lui faisait de grands reproches ; mais il mettait dans ses paroles plus de mesure, espérant le gagner ainsi et le détourner de sa vocation sainte.

Stanislas lut cette lettre avec une profonde douleur, désolé de voir toujours frappés d'aveuglement des parents qui lui étaient si chers. Il supplia les novices d'adresser au Saint-Esprit de ferventes prières pour eux, et se proposa de leur faire bientôt une réponse. Stanislas n'eut pas le temps d'écrire cette nouvelle lettre ; il alla au ciel avant d'avoir pu la commencer, et c'est de là seulement qu'il fit arriver à sa famille les lumières et les grâces qui la sanctifièrent et qui convertirent son frère Paul.

* *

Ayant toujours vécu sur cette terre comme dans
un lieu d'exil, Stanislas trouvait une grande douceur à penser au jour où Dieu daignerait lui dire
de la quitter. Il n'avait pas dans son cœur de plus
chère ni de plus délicieuse espérance. Mais quand
le Saint-Esprit vit qu'il était temps de faire enfin
aller au ciel cet ange qui végétait en ce monde et
qui y était déplacé et si dépaysé, il commença à
donner à ses désirs une ardeur nouvelle et une
force toute divine. Stanislas se sentit donc inondé
d'un bonheur extraordinaire en pensant à la mort.
Jamais il ne l'avait envisagée avec une telle allégresse. Il demeurait frappé du bien immense qu'elle
procure, du bonheur qu'elle donne en faisant finir
l'exil, et en livrant à l'âme, créée pour Dieu seul,
son souverain bien durant toute l'éternité.

L'Assomption, qui approchait, lui semblait d'ailleurs un beau moment pour entrer dans le ciel,

Voir pour la première fois son auguste mère dans un pareil jour, souriait délicieusement à sa piété si filiale. « Je prierai pour obtenir cette grâce, se disait-il à lui-même, je serai exaucé. » Et rien ne put lui enlever cette espérance que Dieu et la sainte Vierge l'appelleraient à eux pour la fête qui approchait.

On était au premier jour d'août de l'année 1568. Le Père Canisius, de passage à Rome, fit au noviciat une conférence sur la préparation à la mort. L'onction de sainteté avec laquelle le vénérable Père Canisius développa ce sujet si grave produisit un effet admirable. Chacun se sentit animé du désir de profiter de ses conseils pleins de sagesse.

Au noviciat, cette conférence fit l'objet de toutes les conversations. Les jeunes frères s'en entretenaient et Stanislas, plus frappé que tous les autres, dit à ceux qui étaient près de lui : « Ces avertissements si salutaires ont été donnés à tout le monde par l'homme de Dieu. Mais c'est surtout moi qu'ils regardent, parce que je dois mourir dans ce mois. Aussi je les ai reçus comme des paroles qui me venaient du Ciel. » Personne ne pensa à prendre au sérieux ce que Stanislas dit alors, car il n'y avait rien en lui qui pût faire craindre que sa fin fût prochaine. On ne voyait aucune altération dans sa figure; au contraire, la santé semblait y briller, et il avait toute la vigueur et toute la force qu'on peut désirer dans un jeune homme de son âge.

Saint François de Borgia avait introduit dans la Compagnie l'usage de faire tirer au sort chaque mois le nom du saint qui devait être honoré spécialement par chacun, et imploré avec plus de ferveur. Comme on était au premier jour d'août, Stanislas attendait avec un pieux empressement le saint que la main de Dieu allait lui choisir pour le protéger pendant les derniers jours qu'il devait passer sur la terre. Sa joie fut au comble quand il vit sortir pour lui le nom de saint Laurent. Déjà il avait eu recours à son intercession et en avait ressenti les effets.

Il résolut de commencer tout de suite une neuvaine en l'honneur du saint martyr, afin qu'il lui obtînt la grâce tant désirée de son cœur de voir la sainte Vierge pour l'Assomption.

*   *
*

Stanislas était déjà au quatrième jour de sa neuvaine à saint Laurent, lorsque le Père Emmanuel
l'invita de venir avec lui faire une visite à la sainte
Vierge dans l'église de Sainte-Marie-Majeure.
C'était la solennité de Notre-Dame-des-Neiges.

Le pieux novice eut une joie extrême d'aller avec
ce Père prier la Reine des anges dans sa belle basi-
lique. Durant tout le chemin le vénérable religieux
et Stanislas ne parlèrent ensemble que de la sainte
Vierge. Il n'y avait plus que dix jours jusqu'à la fête
de l'Assomption, et naturellement la conversation
tomba sur cette grande solennité.

Jamais, nous dit le Père Emmanuel, Stanislas
n'avait paru si joyeux ; jamais il n'avait paru touché à ce point de la gloire de sa divine Mère et de
l'ineffable bonheur dont elle jouit dans les cieux.
Toujours éloquent lorsqu'il disait quelque chose
d'elle, parce que c'était son cœur alors qui, s'épan-

chant avec une infinie douceur, créait les expressions les plus magnifiques, pour mieux rendre la grande idée qu'il avait de cette Reine auguste et le profond amour qu'il lui portait ; parlant donc toujours d'elle avec une onction céleste, en cette circonstance, il sembla se surpasser lui-même ; et selon que le raconte le Père Emmanuel, jamais de sa vie il n'avait rien dit d'aussi ravissant.

« Je crois, s'écriait-il, que le jour où la sainte Vierge entra dans le paradis, tous les anges furent remplis d'une grande allégresse. Le ciel dut prendre une beauté qu'il n'avait jamais eue jusque-là, ou plutôt on dut voir dans le ciel un nouveau ciel, à ce moment où l'incomparable Reine du paradis apparut couronnée de toute la gloire que Dieu peut donner à une créature. A ce beau moment, il n'y eut pas un seul ange, à quelque degré de la hiérarchie céleste qu'il appartînt, une seule âme de saint qui, impressionnée par tant de gloire, n'ait éprouvé le besoin d'incliner sa tête et de l'abaisser jusqu'aux pieds de la sainte Vierge, à qui Dieu venait d'accorder le premier rang après lui. Et ces témoignages de profond respect donnés à l'auguste Marie par tout ce qu'il y avait de plus élevé dans les cieux, n'étaient que justice; car ce qu'il y a de moins grand dans les prérogatives de cette divine Mère, si tant est qu'il y ait en elle quelque chose qui ne soit pas le comble de la grandeur, et ce qu'on pourrait trouver de moindre dans sa grandeur, et ce qu'on pourrait trouver de moindre dans sa gloire, est plus beau, est plus digne d'honneur que ce qu'il y a de plus élevé dans les anges. De sorte que Marie est d'autant supérieure au reste des esprits célestes qu'elle est plus près de Dieu ; et il y a une grande proximité entre le fils et la mère, une si grande, qu'on n'en peut pas concevoir de plus grande ; et Marie est mère de Dieu. Sur la terre, nous célébrons cette fête chaque année; si, au ciel, les saints la font comme nous, j'espère que je serai au milieu d'eux, quand ils lui chanteront leur cantique de louange, cette année, en sa belle solennité qui approche. »

C'est alors que le Père Emmanuel, ravi d'admiration, en entendant ainsi parler le saint jeune homme, l'interrompit tout à coup pour lui dire : « Vous l'aimez donc bien, la sainte Vierge? — Eh ! mon Père, que me dites-vous? reprit vivement Stanislas, si je l'aime !... mais elle est ma mère. »

Le Père Emmanuel avoua que Stanislas prononça
ces paroles avec un accent saisissant, et que sa voix
avait en ce moment quelque chose de surhumain.
Le geste qu'il fit, la lumière qui vint éclairer sa
figure angélique, et l'attendrissement surnaturel
dont il se trouva saisi, en un mot l'expression touchante qu'il donna à ces paroles si simples ne s'ef-
faça jamais de son souvenir. Quand il vit le Père
François de Borgia, il ne put s'empêcher de lui raconter tout ce que Stanislas lui avait dit en allant à
Sainte-Marie-Majeure. Il lui rapporta surtout ses
dernières paroles, qui l'avaient tant frappé. Le vénérable Père général, qui avait aussi pour la sainte
Vierge une grande piété, s'attendrit beaucoup à ce
récit. Toutefois, ni lui ni le Père Emmanuel ne pensèrent qu'il fallait prendre à la lettre ce que Stanislas
avait dit de l'espérance qu'il nourrissait dans son
cœur d'être au ciel le jour de l'Assomption.

Cependant le saint novice, sentant chaque jour augmenter en lui le désir de voir la Reine des anges, sa douce mère, redoublait ses instances auprès de saint Laurent, pour qu'il voulût bien lui obtenir la grâce de mourir le jour de l'Assomption.

La pensée lui vint d'écrire à la sainte Vierge afin de solliciter d'elle cette faveur. Il lui disait dans cette lettre, avec une simplicité délicieuse, qu'il ne pouvait pas rester plus longtemps sans la voir ; qu'il s'était toujours trouvé comme perdu sur cette terre, n'ayant rien là de ce qu'il aimait si tendrement ; qu'il avait tâché jusqu'ici de prendre patience, mais qu'à présent il lui était impossible d'attendre davantage, et qu'il se mourait dans son exil. Il la suppliait d'une manière pressante de le faire venir à côté d'elle pour sa prochaine fête, l'assurant qu'il avait mis tout son bonheur à savoir qu'elle était grande et comblée de gloire, et qu'elle le consolerait beaucoup, si elle daignait permettre qu'il la voie pour la première fois au milieu du triomphe de son Assomption.

Il se proposait de faire parvenir cette lettre le lendemain, fête de saint Laurent, à l'auguste mère de Dieu par l'entremise du saint martyr. Le jour de la fête arrivé, avant de se rendre à la messe, il prit la lettre, et la plaça sur sa poitrine. Après la communion, il supplia son cher protecteur de la présenter de ses mains à la Reine des anges.

On ne dit pas si cette lettre fut emportée aux cieux, ou si la sainte Vierge se contenta de la lire entre les mains de son enfant bien-aimé. Ce qu'on sait, c'est qu'à partir de ce moment, Stanislas eut la certitude qu'il était exaucé dans sa prière, et qu'il mourrait le jour de l'Assomption.

Après son action de grâces, Stanislas quitta l'église, emportant avec tranquillité dans son âme l'assurance qu'il allait être bientôt au paradis. Il reprit de suite le cours de ses occupations ordinaires, comme s'il n'eût pas été déjà du ciel.

Toujours humble et mettant ses délices à s'occuper aux travaux les plus bas et les plus vils, il avait demandé à son supérieur la permission d'employer

la matinée de la fête de saint Laurent au service de
la cuisine. On n'avait pas jugé à propos de lui refuser ce qu'il sollicitait comme une faveur, et c'est là
qu'il se rendit après la sainte messe.

Habillé avec les vêtements qu'on est obligé de
prendre pour vaquer à cet office d'aide de cuisine,
Stanislas, appelé à s'asseoir bientôt à côté des
anges au ciel, s'entretenait, tout en travaillant, dans
les pensées les plus pieuses à la vue du feu qui lui
rappelait naturellement les supplices du saint martyr.

*
* *

Stanislas ne se regardait plus comme appartenant
à la terre ; il comptait les heures qu'il devait encore
passer privé de la vue de la sainte Vierge, et ne
pouvait retenir les larmes que la joie lui faisait
répandre. Sur le soir, il sentit son contentement
redoubler en voyant la fièvre venir. Ses supérieurs
s'aperçurent qu'il souffrait, et, bien que pour le mo-

ment ce ne fût à leurs yeux qu'une indisposition légère, ils lui commandèrent de se mettre au lit. Plusieurs novices allèrent l'accompagner. Stanislas, d'un air joyeux et souriant, leur apprit qu'il n'avait plus que quelques jours à vivre.

La fièvre, qui menaçait, finit par se déclarer, et on jugea à propos de transporter le saint malade dans une chambre plus commode de l'étage supérieur. Stanislas, en se couchant, fit sur le lit un signe de croix, et, élevant avec une expression très douce ses yeux vers le ciel, il dit d'un ton de voix qui trahissait le bonheur dont son âme était remplie : « Courage ! Dieu soit béni ; je ne me lèverai plus jamais d'ici. » Il vit que ces paroles faisaient de la peine à ceux qui l'entouraient, et, la tristesse qui apparut aussitôt sur leur figure l'attendrissant, son cœur sentit le besoin de les consoler, et il se hâta d'ajouter : « Je mourrai, si telle est l'adorable volonté de Dieu. »

Ainsi obligé de cacher la joie qu'il avait de quitter la terre, pour ne pas trop affliger ses frères, Stanislas ne put cependant se contenir quand vinrent le Père Aquaviva et le Père Ruiz son supérieur. Il leur raconta tout. Mais ni l'un ni l'autre Père ne pouvaient se résoudre à penser que sa mort était prochaine. A certains moments, impressionnés par l'air convaincu avec lequel le pieux jeune homme leur avait parlé, ils appréhendaient que sa prédiction ne fût vraie; mais, éprouvant bientôt dans leur cœur le besoin de se rassurer, ces hommes vénérables réfléchissaient en eux-mêmes et se disaient : « Il est dans la fleur de l'âge; il conserve encore toutes ses forces; sa figure n'est ni pâle ni abattue; comment croire qu'une fièvre aussi légère soit capable de le faire mourir? » Puis ils consultaient les médecins, qui répondaient tous sans hésiter que cette indisposition n'était pas de nature à avoir des suites sérieuses, et qu'il faudrait un mal bien autrement violent pour enlever en trois jours un jeune homme aussi bien constitué.

On était à la veille de l'Assomption, et rien n'indiquait le prochain départ de Stanislas pour le ciel. La fièvre n'avait pas augmenté, le malade se trouvait à peu près dans le même état que le premier jour où il se mit au lit. On était bien tranquille à son sujet. On lui donnait sans doute les soins les plus empressés, mais on regardait sa maladie comme légère. Lui seul savait ce qui allait arriver.

Cependant à mesure que les heures s'écoulaient, il sentait son allégresse augmenter, et à un moment, ne pouvant plus la contenir, il dit à un frère qui était près de lui : « C'est cette nuit que je vais au ciel. » Le frère lui répondit en souriant : « Pour mourir d'une maladie aussi légère, il faudrait un bien plus grand miracle que pour en guérir. » Puis il ajouta en plaisantant : « A moins que la Vierge très sainte, que vous aimez tant, ne vous demande au ciel pour assister au triomphe de son Assomption. »

Ceci se passait dans la matinée du jour qui précède la grande fête de la sainte Vierge. Vers midi, Stanislas sentit tout à coup ses forces l'abandonner, et tomba dans un évanouissement, comme quelqu'un qui se meurt. On fut effrayé de le voir dans cet état, et tous ceux qui, jusqu'ici, avaient refusé de croire à la prédiction qu'il avait faite plusieurs fois de sa mort prochaine, commencèrent à craindre pour ses jours.

On employa toutes sortes de remèdes pour faire revenir Stanislas de son évanouissement. Le Père Jules Fazi avait été aussitôt appelé, et plusieurs Pères étaient accourus avec lui. Ils entouraient le lit du saint malade. Quand Stanislas eut repris connaissance, le Père Fazi lui dit en plaisantant doucement : « Frère Stanislas, comment vous n'êtes pas plus courageux que cela ! Vous vous laissez abattre par un mal aussi léger. » D'une voix faible, et le sourire sur les lèvres, Stanislas lui répondit aussitôt : « Cela est bien vrai, mon Père, je n'ai point de courage ; mais je n'en puis plus, mes forces m'abandonnent, je vais mourir. »

On vit qu'il disait vrai, car une sueur froide commençait déjà à couler sur sa figure et sur tout son corps, et il n'avait plus la force de faire le moindre mouvement.

*
* *

C'est alors qu'il demanda avec larmes à son supérieur de vouloir bien permettre qu'on le levât de son lit, parce que son désir était de mourir par terre. Rien ne le consolerait tant, lui dit-il, que d'attendre la mort couvert du cilice et couché sur

la cendre. Le supérieur ne put retenir ses larmes.
Pour le contenter, ce vénérable Père fit étendre sur
la terre nue une simple natte de jonc où Stanislas
fut couché. C'était à faire pleurer, dit un témoin,
que de le voir dans une posture si humble, avec son
air tout céleste, ravi en Dieu. On se sentait animé
de dévotion à ce spectacle.

Cependant les novices s'approchaient du pauvre
lit de leur saint frère, afin de lui donner leurs com-
missions pour le ciel. Stanislas les accueillait tous
avec douceur, et, souriant et remuant un peu la
tête, il leur montrait qu'il avait compris, et qu'il ne
demandait pas mieux que de leur être utile, quand
il serait arrivé dans la céleste patrie. Le saint
malade se confessa ensuite avec une grande abondance de larmes, puis on lui apporta le saint Viatique. En voyant son doux Sauveur qui venait à lui,
Stanislas ne put maîtriser les transports de son
amour ; son émotion éclata dans tous ses traits ; sa
pâle figure s'enflamma et devint animée d'un feu
céleste. Ses yeux étaient brillants, et des larmes en
coulaient. Tout son corps, déjà glacé par la mort,
parut se ranimer un instant et tressaillir de la plus
douce allégresse ; il se soulevait de dessus la pauvre

couche où il était étendu, et semblait vouloir aller au-devant de son Dieu.

Avant de communier, il s'humilia en présence de tout le monde, demandant pardon des fautes qu'il avait commises et des scandales dont il s'était rendu coupable. Puis, avec les sentiments de la plus vive reconnaissance, il remercia la Compagnie de ce qu'elle s'était montrée si bonne mère à son égard, quoique lui n'eût jamais été pour elle qu'un méchant fils. Il pria tous ses frères de le recommander à Dieu avec ferveur ; il les assura, en même temps, que si le Seigneur, usant de sa grande miséricorde, daignait, au sortir de ce monde, l'accueillir aussitôt dans ses bras, comme il en avait la douce confiance, il ne les oublierait pas, et saurait bien retrouver dans son cœur leur nom et leur cher souvenir.

Ayant reçu la sainte communion, il entra dans un doux recueillement, où son âme sainte combla d'amour celui qu'elle allait bientôt voir face à face. Sa consolation était si grande d'être déjà en possession de Dieu ! Il savait que le ciel ne pourrait pas lui donner davantage que ce qu'il avait ; le ciel ne lui en donnerait que la vue. Le pieux malade s'entretenait doucement dans ces admirables sentiments

que la foi inspire, et qui rendent si heureux quand
on va mourir.

Quelque temps après, on lui donna l'Extrême-
Onction. Il répondit à toutes les prières avec une
tendre piété. L'agonie, qui venait, lui laissait une
présence d'esprit et un calme admirables. Toujours
la même sérénité de visage, le même parfum de
piété dans ses paroles : la souffrance n'enlevait rien
à ses traits de cette beauté céleste qu'on lui avait
toujours vue, et qui plutôt croissait à mesure qu'il
s'approchait davantage du ciel.

On lui demanda s'il était bien soumis à l'adorable
volonté de Dieu et pour la vie et pour la mort? Il
répondit avec une voix pleine de douceur et légè-
rement émue par la joie : « Mon cœur est prêt,
mon Dieu, mon cœur est prêt. » Il voulut encore se
confesser une ou deux fois, afin de se purifier de
plus en plus, et d'être mieux en état de gagner l'in-
dulgence que l'Eglise accorde aux mourants. Si
quelqu'un, parmi ceux qui l'entouraient, disait
quelque parole pieuse, Stanislas le regardait avec
une expression qui montrait quel grand bien ces
mots faisaient à son âme ; son âme alors s'élevait à
Dieu dans un élan plein de douceur, et ses yeux se

tournaient du côté du ciel, tout remplis de larmes. De temps en temps il les abaissait sur une petite image de la Sainte Vierge qu'il avait près de lui ; il regardait quelques instants cette image avec une indicible tendresse, puis la baisait avec une suavité telle, qu'on aurait cru que « son cœur était passé sur ses lèvres », dit un auteur, et qu'une partie de sa dévotion se répandait dans l'âme de tous ceux qui le voyaient. Il prenait aussi quelquefois la sainte image après l'avoir couverte de baisers, et la mettait sur son cœur.

Un Père de la Compagnie, de la maison professe, étant venu le voir, aperçut dans sa main un rosaire. Comme c'était le faire revivre que de lui parler de la sainte Vierge, sa divine mère, et que le plus petit mot qu'on lui disait d'elle le mettait dans une inexprimable allégresse, le Père lui fit cette question : « A quoi bon ce rosaire entre vos mains, puisque vous ne pouvez pas le réciter ? » Stanislas, en souriant doucement, lui répondit : « Ce rosaire est à ma divine mère ; je pense à elle en le regardant ; sa vue seule me fait du bien ; et puis quelquefois je l'embrasse ; cela rend mon cœur si heureux ! » Le Père alors reprit : « Oh ! quand vous allez la voir dans un instant, votre mère bien-aimée, quand vous allez vous présenter à elle, et qu'elle vous fera signe d'approcher et vous donnera sa main à baiser, vous pourrez mieux que maintenant encore lui montrer votre tendresse filiale. » On raconte, qu'à ces mots, Stanislas parut oublier qu'il allait mourir ; la vie lui revint tout à coup, et, l'âme remplie d'une ineffable joie, il se mit à élever, avec un transport qui étonna tout le monde, sa main qu'il ne pouvait déjà plus remuer. Sa figure si pâle devint de nouveau enflammée, et tout son corps parut se soulever et se dresser, comme s'il avait voulu prendre son vol au ciel ; il semblait dire dans cette action si vive : « Je m'en vais, je m'en vais. »

Il retomba bientôt sur sa pauvre natte de jonc, et on le vit, quelques instants après, prendre encore dans ses mains l'image de la Vierge. Il trouvait un indicible bonheur à attacher son regard sur cette image pieuse, il la contemplait avec tendresse, sans rien dire ; puis il se mettait à appeler doucement sa mère, regardait encore sa chère image, la pressait contre son cœur, l'approchait avec amour de ses lèvres, et se fondait de tendresse en l'embrassant.

Vers minuit, Stanislas, sentant la vie s'en aller, interrompit ses pieuses prières et dit en latin à son supérieur : « *Tempus breve est.* » Le Père répartit aussitôt : « *Reliquum est ;* » et Stanislas ajouta : « *Ut præparemus nos.* » On le vit prendre alors entre ses mains l'image de Notre-Seigneur crucifié. Tout le monde se mit à genoux, et aussitôt commença la recommandation de l'âme. Pour mieux suivre ces consolantes prières et pour en goûter toute la suavité, il demanda à ceux qui étaient auprès de lui de les réciter posément. Il répondait avec toute l'émotion que ces supplications si solennelles et si touchantes sont capables de causer à celui qui se trouve dans ce moment suprême.

Le supérieur, craignant que Stanislas ne fût fatigué par la longueur de ces prières, lui demanda s'il ne fallait pas les interrompre. « Oh ! non, mon Père, répondit le pieux jeune homme, cela me console. » Cependant le Père jugea à propos de s'arrêter quelques instants. Alors Stanislas commença à appeler à son secours, avec ferveur, tous les saints du Paradis, les nommant les uns après les autres, puis demandant pardon à Dieu de ses fautes, et le priant de l'aider en ce grand moment où son âme allait quitter son corps. Il regardait son crucifix avec une piété qui tirait les larmes des yeux ; il approchait ses lèvres de chacune des plaies de son divin Sauveur, baisait ses pieds, baisait ses mains, baisait la plaie de son cœur, et recommençait encore, trouvant un goût extraordinaire à cela ; puis il s'adresait à ses saints, ceux qu'il avait toujours les plus aimés, et les invoquait avec une foi admirable. Stanislas avait écrit sur un petit livre le nom du saint qui lui avait été donné chaque mois pour protecteur durant le noviciat. Il demanda, par reconnaissance pour ces saints, qu'on lui lût leurs noms. On s'empressa de prendre ce petit livre et de lui réciter les uns après les autres ces noms chéris. Il était facile de lire dans son regard avec quelle ferveur Stanislas se recommandait à ces saints, à mesure qu'il les entendait appeler.

Quelque chose d'extraordinaire se produisit bientôt. Stanislas avait cessé d'embrasser l'image de la sainte Vierge, sa main n'enlaçait plus son crucifix ; immobile, on l'eût cru mort ; mais une allégresse si vive était peinte dans ses yeux mouillés de larmes, et sa figure radieuse avait une telle expression de bonheur, qu'on voyait bien qu'il était encore en vie.

Il portait tantôt d'un côté, tantôt d'un autre ses regards qui semblaient contempler des choses invi-
sibles à tous les assistants. Ses lèvres aussi se re-
muaient avec une infinie suavité ; et quoiqu'on
n'entendît pas les paroles qu'il prononçait, on comprenait qu'il les adressait à quelqu'un qui était devant lui, et on le voyait commencer de temps en
temps certains mots qui expiraient dans la douceur.
C'était l'auguste Mère de Dieu qui entrait dans sa
chambre avec un cortège de vierges. Elle venait
pour l'emmener avec elle dans le paradis.

Stanislas informa le maître des novices, agenouillé
auprès de son lit, de ce qui se passait ; puis, pour
ne pas retarder davantage son bonheur, et afin de
partir avec sa mère qui l'attendait, il prit son chapelet d'une main, de l'autre un cierge bénit, et al-
lumé, pour témoigner qu'il mourait dans la foi de
l'Eglise romaine, et rendit le dernier soupir.

Il était à peu près trois heures et demie du matin. C'est à ce moment que l'aube du jour paraît,
au milieu du mois d'août, à Rome. On sait que la
sainte Vierge quitta son tombeau au lever de l'au-
rore, et monta avec une troupe d'anges au ciel.
Ainsi tout le monde put reconnaître que Stanislas

avait fait une prédiction vraie, quand il avait dit qu'il serait au paradis pour la fête de l'Assomption.

* * *

Cependant Stanislas avait rendu si paisiblement le dernier soupir, qu'on ne s'en aperçut pas tout de suite. Tous les yeux étaient pourtant demeurés fixés sur lui ; mais comme son visage n'avait aucunement changé, que lui-même n'avait pas fait le plus léger mouvement, mais qu'il continuait toujours à regarder le ciel, on pensa qu'il était encore en vie. Un de ceux qui étaient le plus près de son lit, se rappelant la joie qu'on lui causait toujours quand on lui montrait l'image de la sainte Vierge, et l'air angélique qu'il avait alors, voulut approcher de ses yeux la chère image. La figure de Stanislas demeura immobile, aucune larme ne coula de ses yeux ; on ne vit sur ses lèvres aucun sourire. C'est par là qu'on comprit qu'il était mort.

On exposa sur un lit de fleurs Stanislas revêtu de son pauvre habit de religieux. La Compagnie n'avait pas l'habitude de coucher ainsi sur les fleurs le corps de ses chers défunts ; mais elle avait voulu faire cela pour son angélique enfant, afin d'honorer sa pureté surhumaine. On lui mit dans la main son rosaire et son image de la sainte Vierge. On lui laissa les pieds nus. La mort ne put ternir sa beauté, ni faire disparaître la douceur de son sourire. La couleur de son visage ne se flétrit point ; dans ses traits, toujours le même air céleste que quand il vivait, excepté pourtant que l'impression produite par cette figure d'ange était plus consolante encore et plus douce depuis que son âme était au ciel. Ainsi, au milieu des lis et des fleurs, il semblait doucement endormi.

Aussitôt que le bruit de sa mort se fut répandu, une foule de Pères et de Frères accoururent de la maison professe, du Collège romain, du Collège germanique et de toutes les maisons que la Compagnie avait dans la ville. Tous voulaient avoir la consolation de lui baiser la main. Leurs yeux ne pouvaient se rassasier de le voir. En approchant de lui, on se sentait rempli d'une consolation spirituelle très douce, et on éprouvait dans son cœur de grands désirs de servir Dieu. Les Pères les plus âgés de la Compagnie, ceux qui avaient été disciples de saint Ignace, vinrent aussi. Et ce ne fut pas sans attendrissement qu'on vit ces vénérables vieillards se mettre à genoux auprès de Stanislas, et baiser humblement ses pieds en les arrosant de leurs larmes.

Bientôt Rome tout entière s'émut, et on arriva en foule de tous les côtés au noviciat de Saint-André. Dans toutes les rues de la cité, on n'entendait que ces paroles. « Le saint jeune homme est mort; l'ange d'innocence s'est envolé au ciel; Stanislas Kostka, novice très fervent de la Compagnie de Jésus et très pieux serviteur de la sainte Vierge, a été appelé à prendre part au glorieux triomphe de Marie; Stanislas est au paradis ! »

La chambre était continuellement encombrée de monde. On couvrait de baisers le corps saint : on se trouvait heureux quand on avait pu prendre la plus petite fleur parmi toutes celles qu'on avait répandues sur lui. Ces fleurs, parce qu'elles lui avaient touché, étaient déjà considérées comme de précieuses reliques. Enfin le concours fut si grand,

on mit tant d'empressement à venir vénérer les dépouilles mortelles de cet ange, que le Père François
Toledo, qui fut depuis cardinal, s'écriait : « Chose
merveilleuse ! chose merveilleuse ! voilà un petit
jeune homme polonais qui meurt, et qui après sa
mort, attire à lui la ville tout entière. Tout le monde
veut le voir; on veut lui baiser les pieds. Nous
autres, qui sommes déjà vieux, quand nous mour-
rons, que nous fera-t-on ? » Il voulait dire par là
qu'on leur rendrait des honneurs moins grands à
eux qu'à ce tout jeune homme, parce que les mérites
ne se mesurent pas sur le nombre des années, et
que la sainteté est un trésor dont Dieu peut enrichir
le plus simple enfant.

Le vénérable général de la Compagnie, François
de Borgia, par respect pour la grande sainteté de
Stanislas, voulut que son corps fût déposé et con-
servé avec soin dans un cercueil de bois. C'est un
privilège qui s'accordait rarement alors, et si l'on
excepte saint Ignace et le Père Laynès, cette marque
de distinction n'avait été donnée à personne qu'à
lui.

Au bout de deux années, un autre novice étant
venu à mourir, on le descendit dans le caveau où
reposait Stanislas. Les supérieurs eurent alors la
pensée d'ouvrir le cercueil du cher saint, afin d'en
extraire quelques reliques. En présence de tous les
novices revêtus du surplis et une torche à la main,
on se mit donc à creuser dans la tombe pour avoir
le précieux corps. Tout à coup, une odeur suave se
répandit, et, à mesure qu'on enlevait les décombres,
la douceur du parfum devenait plus délicieuse. On
eût voulu rechercher la nature de ce baume incomparable, qu'on ne l'aurait pu trouver. Dans ce parfum il y avait quelque chose de si délicat, de si
exquis, de si pur, que la pensée ne pouvait venir
que la terre fût capable de le produire. C'était visiblement une odeur céleste ; peut-être le parfum de
la pureté. Les assistants respiraient ce baume, qui,
en charmant délicieusement leurs sens, pénétrait

jusqu'à leurs âmes et les remplissait de la plus
tendre dévotion. Ils sentaient leurs larmes couler
avec cette douceur qui est une des joies les plus
vives de l'âme. Et, pendant que, sous le coup d'une
impression impossible à rendre, tout le monde
entourait le tombeau, le tombeau se déblayait, et
le délicieux parfum en sortait toujours avec plus
d'abondance. On arrive enfin au cercueil. C'était le
moment solennel. On ne savait ce qu'on allait trouver au milieu de ces senteurs divines.

Les novices se souvinrent alors bien vivement
qu'il leur en avait coûté beaucoup pour se décider à
mettre dans le cercueil le corps de saint Stanislas.
C'était avec les plus vifs regrets, qu'il leur avait
fallu se résigner à ne plus voir ce visage, sur lequel
une merveilleuse fleur de beauté persistait à écla-
ter, sous la main du mort. Ils avaient tous fondu
en larmes en descendant dans la tombe un corps
qui conservait l'incarnat de la vie et de la jeunesse, qui était tendre et flexible, et remarquable-
ment beau.

Mais tandis que ces souvenirs faisaient monter
leur émotion à son comble, le plus doux spectacle

allait réjouir leurs regards. On ouvre le cercueil, et aussitôt, avec un empressement facile à comprendre, tout le monde s'approche et se penche pour voir ce qu'il reste encore de l'angélique Stanislas. Stanislas couché semble vivant, mais endormi. Tout est resté si frais et si éclatant dans sa gracieuse figure, et la douceur de son sourire est encore si vivante, que les pieux novices le reconnaissent en pleurant. Ils ne sont pas surpris de voir que le Seigneur a veillé avec amour sur la dépouille mortelle de leur saint frère, et qu'il n'a pas permis qu'elle ait rien perdu de son ancienne fraîcheur. Personne n'ayant eu la pensée d'embaumer le saint corps quand on l'avait enterré, le miracle de son incorruptibilité apparaissait de la sorte dans tout son éclat.

Il n'était pas possible d'enlever à ce corps intact et revêtu de toutes les apparences de la vie, aucune partie considérable. Les novices comprirent bien qu'il ne fallait pas songer à emporter avec eux le chef sacré de Stanislas, comme on le leur avait fait espérer. Frustrés de leurs pieux désirs par un prodige aussi gracieux qu'inattendu, ils n'eurent pas le courage de se plaindre, et ne virent pas néanmoins, sans un certain serrement de cœur, le cercueil se refermer de nouveau sur leur saint frère.

***

On laissa encore dormir une année entière dans son tombeau le corps virginal de Stanislas. Mais Dieu ne jugea pas à propos de conserver davantage les saintes dépouilles, et il les laissa se flétrir. Quand donc on ouvrit de nouveau le cercueil on ne trouva plus que des ossements. Ces restes sacrés furent alors enveloppés de soie, déposés dans une urne de plomb, et placés dans la chapelle du noviciat, auprès du principal autel, sous une pierre simple, absolument dépourvue d'ornements et très peu élevée au-dessus du niveau des dalles de l'église. C'est là que, entouré d'une grille de fer, le corps du bienheureux attendit les honneurs qui allaient bientôt lui être rendus.

Stanislas couronné par l'Église du nimbe de la sainteté en 1726, repose maintenant en l'église de Saint-André, dans une urne magnifique de lapis-lazuli.

La chambre où mourut saint Stanislas, conservée jusqu'à nos jours, est actuellement menacée du marteau démolisseur de l'impiété.

Vienne, plus heureuse que Rome, garde comme un trésor dont elle est jalouse, la maison où le saint fut communié de la main d'un ange et reçut la visite de la Bienheureuse Vierge Marie. Cette maison forme l'angle de la rue Steindl et de la rue Current, et porte le n° 2. Connue autrefois sous le nom de maison au *Serpent d'or*, elle reçut dans la suite celui de maison de Saint-Stanislas.

Peu de temps après la mort du jeune Kostka, la chambre qu'il avait habitée dans cet hôtel fut transformée en un lieu sacré où les fidèles aimaient à venir prier, et elle devint une gracieuse chapelle. Un autel s'éleva à l'endroit où était le lit de saint Stanislas, et sur cet autel on plaça un tableau qui le représentait mourant, au moment où sainte Barbe lui apparut et où il reçut la communion de la main d'un ange.

Le temps n'a fait qu'embellir la précieuse chambre sur la voûte de laquelle on remarque deux peintures, représentant actuellement l'une la fuite du jeune saint, l'autre son admission dans la Compagnie de Jésus. De nombreuses dorures sont venues enrichir l'autel; et l'ancien tableau qui le décorait a été remplacé en 1840 par un nouveau, où le même sujet est reproduit, mais sur un fond d'or, et avec l'apparition de la sainte Vierge et de l'enfant Jésus en plus.

L'émotion est vive, quand, pénétrant dans ce lieu, on lit au-dessus de l'autel cette inscription :

« Heil. Stanislaus Kostka, 1566 allhier von den Engeln abgespeist ».

« Ici saint Stanislas Kostka, en 1566, a reçu la communion de la main des anges ».

Oui, tout ce qui se passa dans cette chambre il y a trois cents années, semble y revivre pour le cœur; cet angélique enfant qui se meurt, le ciel qui s'en émeut, les anges qui arrivent, la sainte Vierge qui apporte son divin Fils, le démon qui vient là, lui aussi : toute cette scène semble se remuer, s'animer et reprendre les célestes splendeurs dont elle fut éclairée, sans faire oublier pour cela le long martyre enduré là, par l'héroïque enfant.

« O bienheureuse Vienne, » nous écrierons-nous avec un pieux Prélat, « que tu est digne d'envie ! Tu possèdes encore cette chambre fortunée qui abrita le saint jeune homme pendant trois ans. Tu montres encore ces saintes murailles qui résonnèrent des coups de sa discipline, qui furent témoins de cette rude pénitence, à laquelle Stanislas se soumettait, comme s'il eût été un grand pécheur, tandis qu'il fuyait comme un souffle empoisonné jusqu'à l'apparence même du péché. Tu gardes encore cette aimable demeure qui fut illuminée des clartés du ciel, lorsque les anges y descendirent pour donner au mourant le pain de vie et lorsque la bienheureuse Mère de Dieu lui mit au cœur la vocation de combattre pour Dieu, sous l'étendard de saint Ignace. »

FIN

Angers, imprimerie Lachèse et Dolbeau, chaussée Saint-Pierre, 4.

www.ingramcontent.com/pod-product-compliance
Ingram Content Group UK Ltd.
Pitfield, Milton Keynes, MK11 3LW, UK
UKHW022340090726
13658UKWH00001B/364